圖說中國書籍演進小史

彭正雄編著

文史哲出版社印行

國家圖書館出版品預行編目資料

圖說中國書籍演進小史/彭正雄編著. -- 初版. --
臺北市：文史哲出版社, 107.03
160 頁；29.7 公分
ISBN 978-986-314-406-9（平裝）

1.書史 2.中國

011.2　　107003102

圖說中國書籍演進小史

編著者：彭　正　雄
美編編輯：劉　亦　眞
出版者：文　史　哲　出　版　社
http：// www.lapen.com.tw
e-mail：lapen@ms74.hinet.net
登記證字號：行政院新聞局版臺業字五三三七號
發行人：彭　正　雄
發行所：文　史　哲　出　版　社
印刷者：文　史　哲　出　版　社
臺北市羅斯福路一段七十二巷四號
郵政劃撥 16180175　傳真 886-2-2396-5656
電話 886-2-2351-1028　886-2-2394-1774

實價新臺幣三〇〇元

二〇一八年（民一〇七）三月初版
二〇二一年（民一一〇）元月再版二刷

ISBN 978-986-314-406-9　　01131

圖說中國書籍演進小史　目次

圖說中國書籍演進小史（附蝴蝶裝線裝式樣）

「書」是人類表達思想、交換經驗、傳播知識的主要工具。「書」的三個基本要件：版本、印刷、裝幀。

（一）書籍的版本：1.繩結① 2.冊葉 3.卷軸② 4.經摺裝③

5.蝴蝶裝④ 6.包背裝⑤ 7.線裝⑥ 8.旋（炫）風裝

9.平裝⑦ 10.精裝⑧

（二）書籍的用材：1.石頭 2.陶片 3.獸骨 4.獸皮

5.龜甲 6.銅器 7.絲織 8.竹木 9.木材（紙漿）

（三）圖書的製作：1.手抄 2.版刻雕板⑨ 3版刻行款名稱⑩ 4.木活字

5. 銅活字　6. 陶活字　7. 套印　8. 石印　9. 鉛字活版[18]

10. 照相玻璃製版　11. 凸版ps鋅版　12. 數位（數碼）科技無版

一、書籍的起源

（一）從口傳的活書到文字

（二）上古的書寫材料：石塊、樹皮、樹葉、洞壁、獸皮；

獸骨、陶片、動物甲殼：

1. 獸骨甲骨文[11]　2. 龜甲甲骨文[12]　3. 青銅器銘文[13]　4. 石頭刻碑[14]

二、最早正式圖書

（一）簡冊[15]

（二）帛書[16]

三、紙的發明與卷軸的書

（一）紙的製作

（二）卷軸的書（竹簡、帛、紙製品）

四、印刷術的發明和發展

（一）雕版印刷術：1.印章⑰　2.版刻⑩

（二）活字印刷術（銅活字、陶活字、木活字、鉛活字（機械用鉛鑄字最快速））⑱

（三）套色印刷術（水印、木刻板、新式機器套色印刷）

（四）古籍印本書籍演變

1.經摺裝③　2.蝴蝶裝④（樣式參考頁39－78）

3.包背裝⑤　4.線　裝⑥（樣式參考頁79－162）

圖版說明

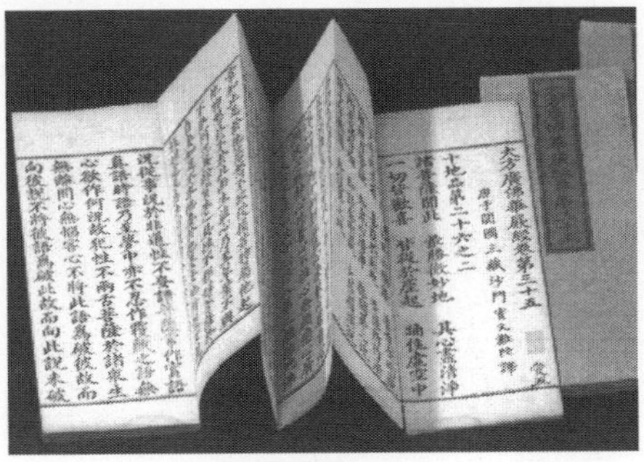
③經摺裝

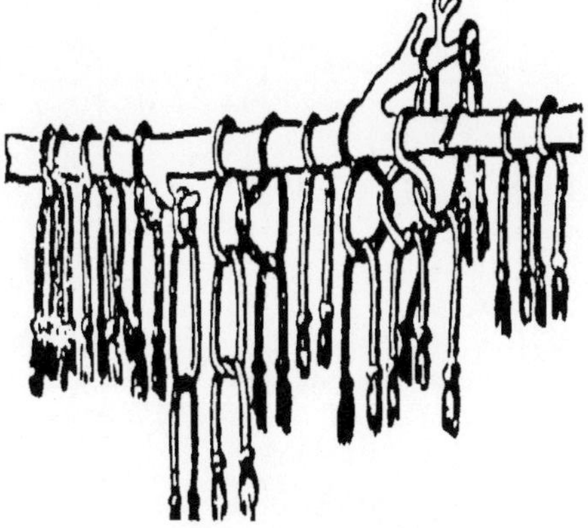
①結繩紀事

④蝴蝶裝

②卷 軸

④蝴蝶裝放置法

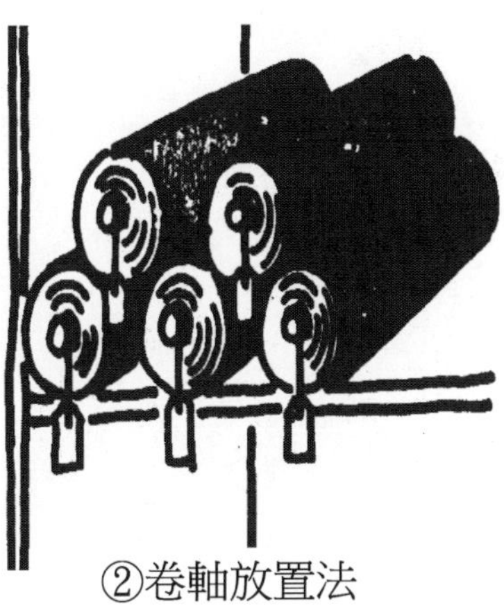
②卷軸放置法

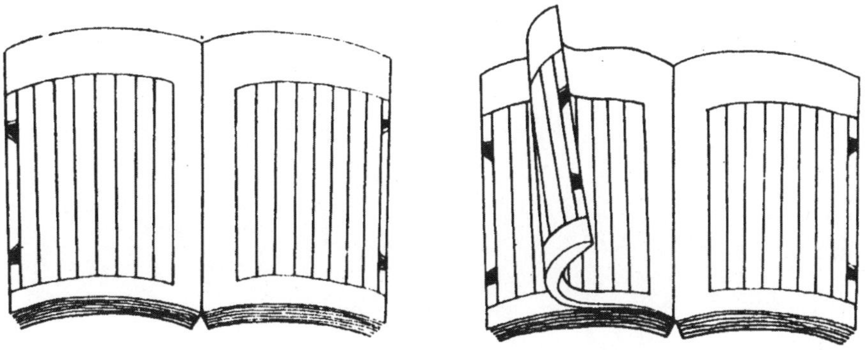
⑤古籍包背裝（類似今本之上膠平裝）

⑥古籍線裝書八眼裝訂

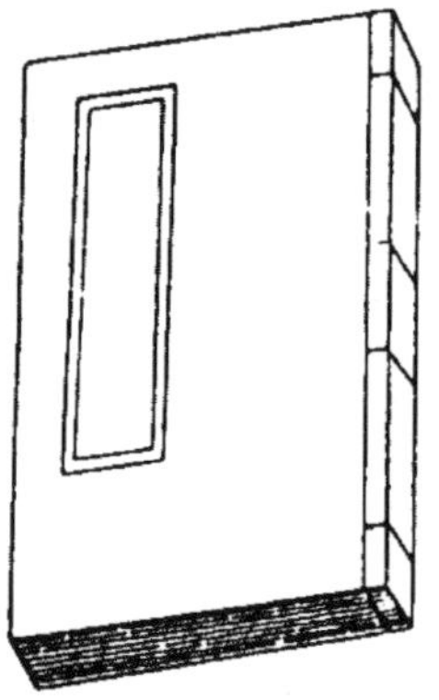

⑥古籍線裝書四眼裝訂

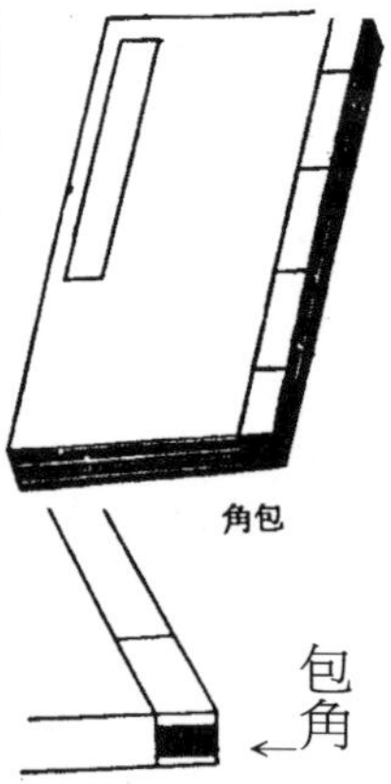

⑥線裝書的包角

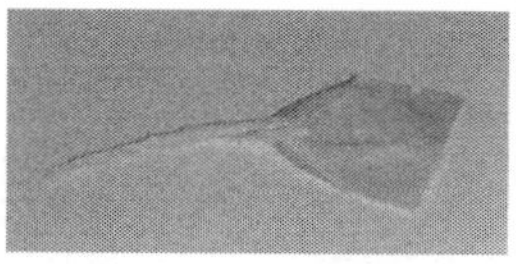

⑥線裝書的紙釘，可固定書本不易脫落。

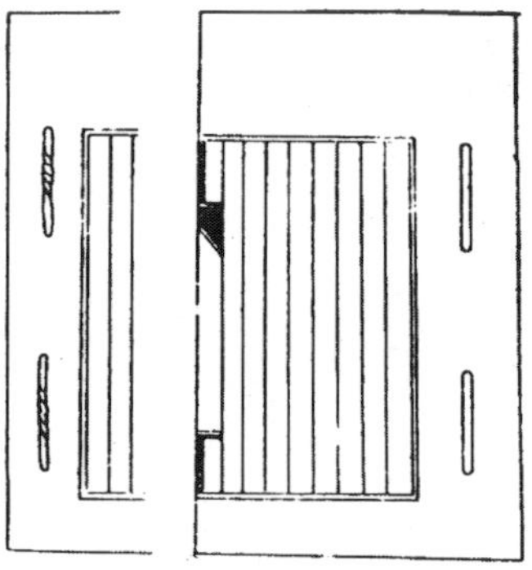

⑥線裝書的紙捻，作業較為花時間。

⑥線裝書的函套

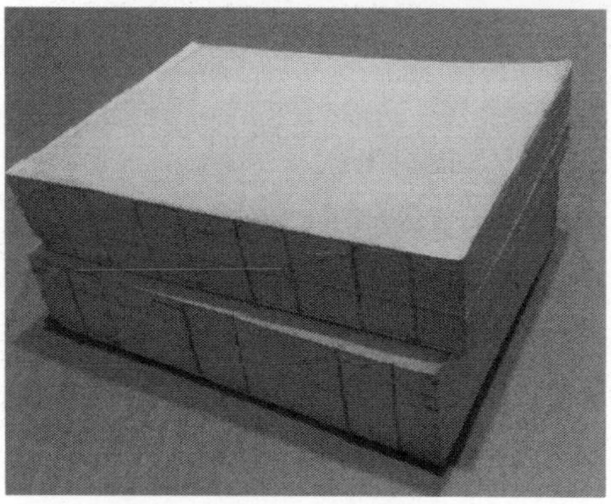

⑦穿線平裝(毛本又名：半成品，待加封面)

⑧ 精 裝

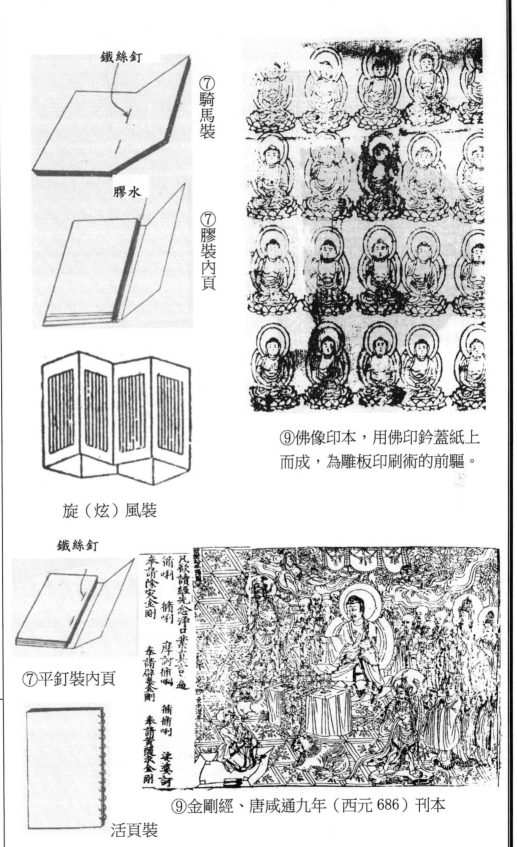

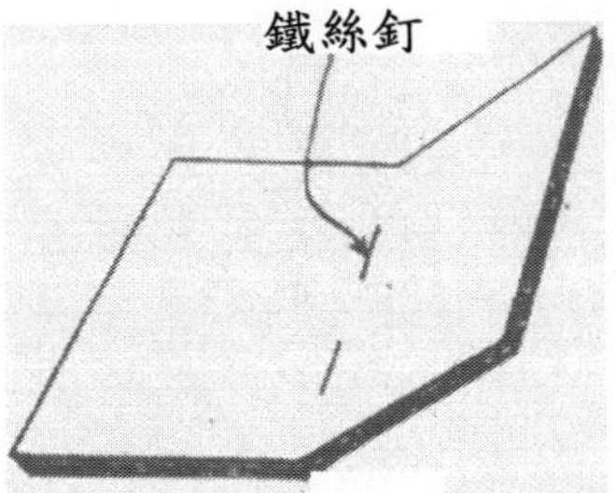

⑦騎馬裝

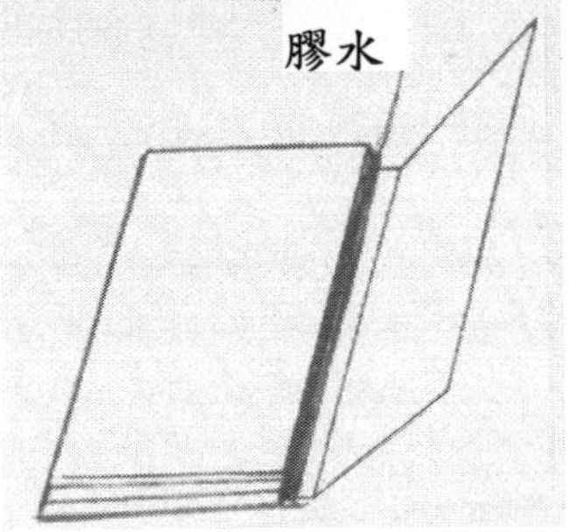

⑦膠裝內頁

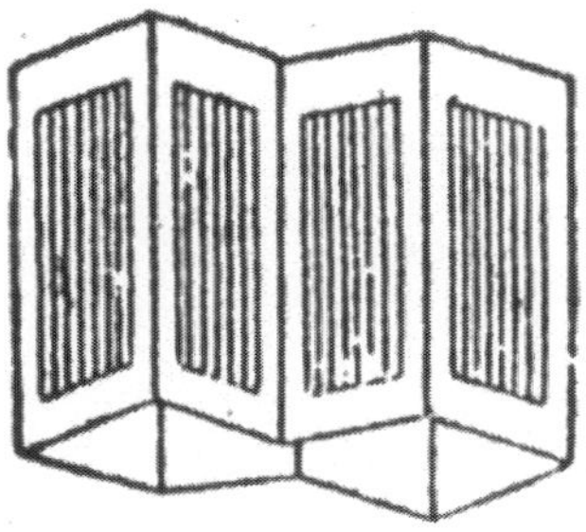

旋（炫）風裝

⑨佛像印本，用佛印鈐蓋紙上而成，為雕板印刷術的前驅。

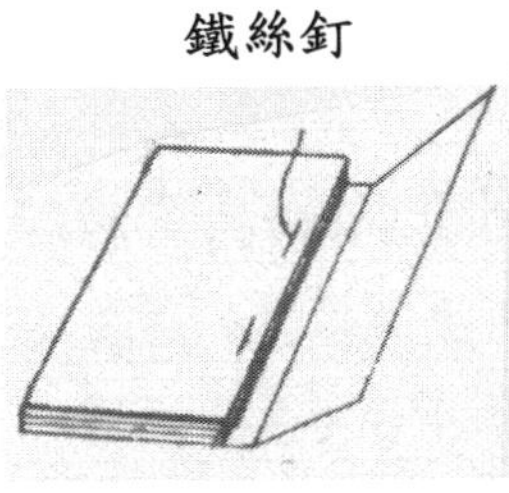

⑦平釘裝內頁

⑨金剛經、唐咸通九年（西元 686）刊本

活頁裝

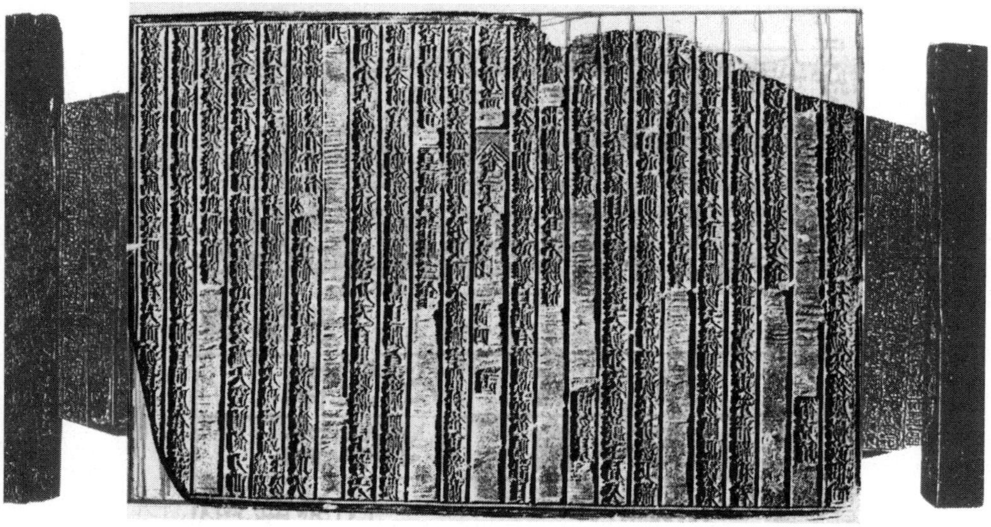

⑨版刻 雕板

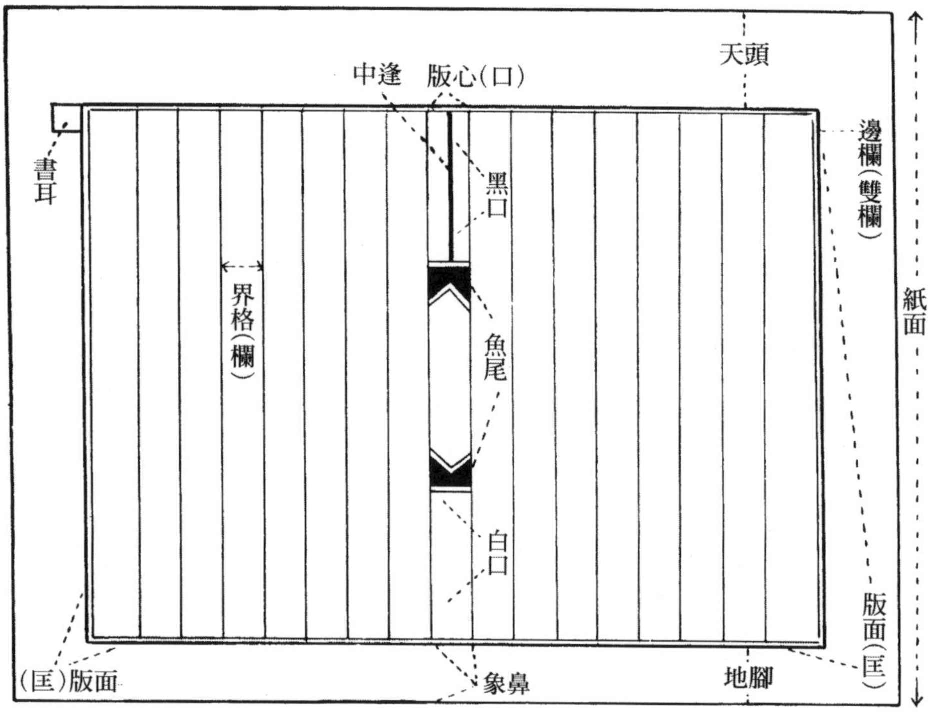

⑩版刻行款名稱（作者繪製）

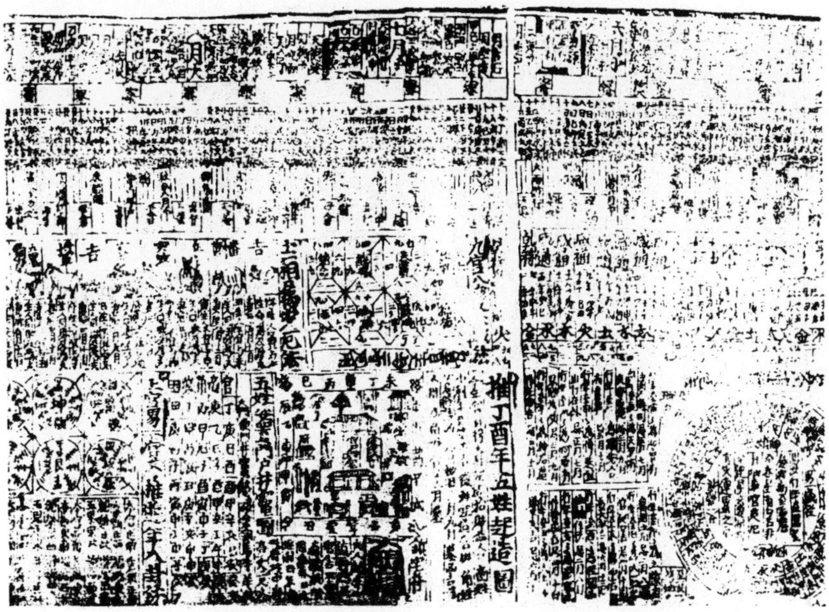

⑨唐乾符四年印曆之一頁(西元 887)
(現存世界最古的印本曆書)

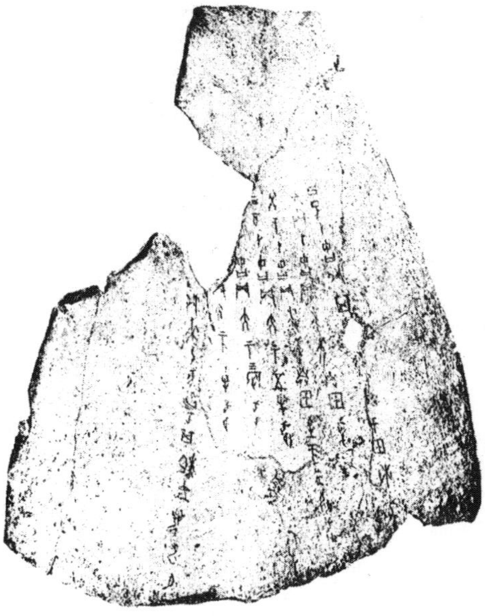

⑪獸骨：甲骨文

⑫龜甲：甲骨文

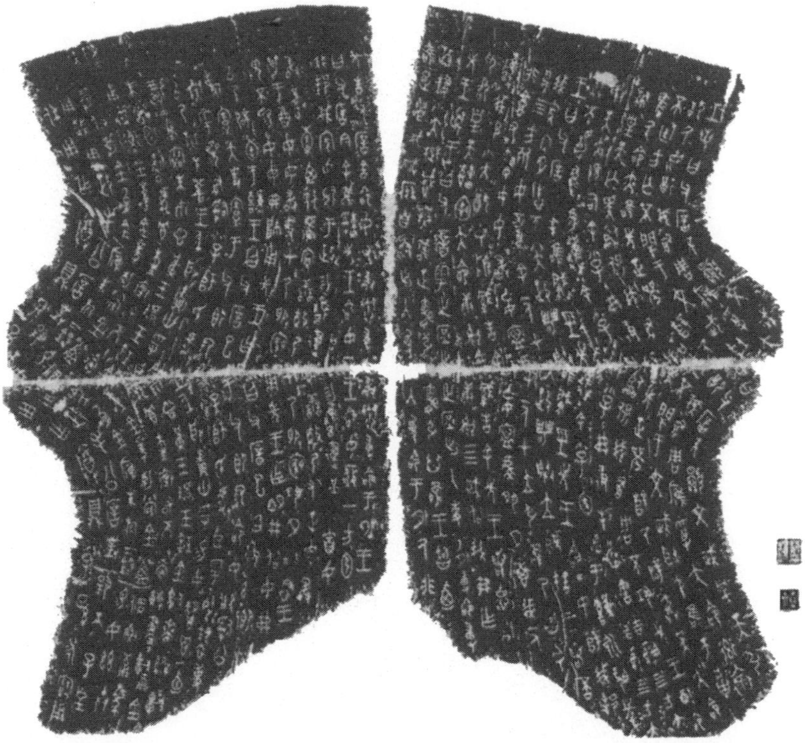

⑬青銅器毛公鼎銘文：陳簠齋手榻本（劉立委階平收藏提供）

⑭石刻：漢熹平石經

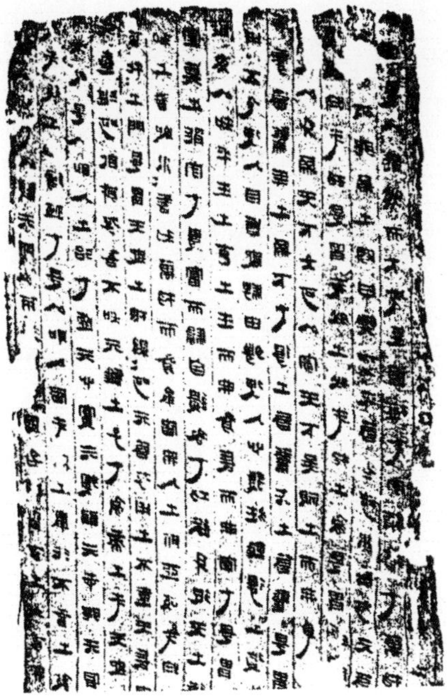

⑯帛書

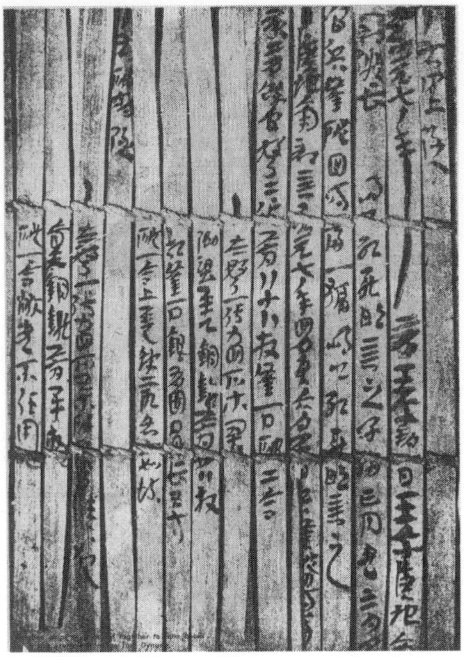

⑮簡冊

⑰印章

文字畫：殷代金文

鍵盤式打字機排版之罕用字撿字字盤。　字盤無字特別造字盤。

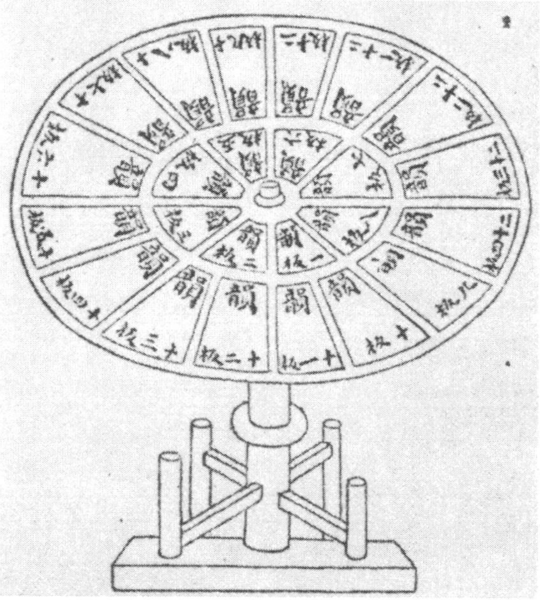

元・王禎，發明木活字板韻輪。

⑱日星鑄字行負責人張介冠向詩人嚴韻示範鉛字排版校稿打樣。
上圖：鉛字排版打樣機

⑱傳統鉛字排版，撿字房撿字師父看稿撿字。排成書突顯雕刻印刷後文字之美感。今已被電子版取代。

我國歷代版刻的演變

昌彼得

引文史哲出版社《中國圖書史略》

印刷術是傳播文化最重要的工具之一。這一項偉大技術的發明，是我們祖先對世界文化所提供的四大貢獻之一。我國雕板印刷術發明至今已有一千二百年；活字印刷，也有九百年的歷史。這種方法在我國盛時，逐漸東傳高麗、日本、西被中亞，又輾轉影響及於歐洲。在十五世紀中葉，西洋印刷術的始祖德國約翰・谷騰堡剛開始試驗製造活字版時，我國印刷術已有了輝煌的成就。

一、從印章和石刻說起

在談到印刷術的發明，我們先要明瞭它的淵源，以及它發明的背景。

我們祖先是喜歡使用印章的，官私的文書必定要加蓋璽印以資憑信，這種習慣一直沿襲到現在。上古且不談，有實物可據的，印章在西元前一千年的殷商時代就已經使用了。在漢代以前，我國文書，多為簡牘，所以璽印多施用於封泥上，為了清晰醒目的緣故，璽印多刻為陰文，鈐到封泥上就變成凸字。晉代以後，印章漸漸改用朱鈐到絹或紙上，所以字往往刻為陽文，印成朱色，故又稱作朱文。這時的印章字數多的如，有多到上刻120個字，葛洪《抱朴子》中所述的神越章即是。大的有大到長寬一尺二寸，寬二寸五分，如《通典》中所載北齊的「督攝萬機」木印，是用來印籍縫的。假如用一尺多長，上刻一百多字的印章鈐蓋到紙上的這不是與雕版非常相似麼？所不同的，只在技術上，一種是鈐蓋，一種是刷印而已。

二、印刷術發明的背景

其次來談談印刷術發明的背景。我國自六朝以來，著作漸多。《漢書·藝文志》著錄的書，不過一萬多卷。晉荀勗著《中經新簿》，著錄的也還不到三萬卷。到了《隋書·經籍志》，一共著錄了八萬多卷。而據《新唐書·藝文志》載自唐初至開元這一百二十年間的著作，就多達二萬八千多卷。可見教育文化愈來愈普及。在當時固然也有藏書家，像宋周密《齊東野語》所記載的，晉張華藏書三十車，梁元帝聚書八萬卷，唐吳兢藏書一萬三千四百卷等，但這僅是帝王或顯宦才有這樣大的財力。在一般好學的人，如想多讀書，僅靠傳抄，或購買昂貴的寫本，是非常感到不便的。在這種情形下，印刷術的發明，自然有其必要。

三、印刷術起源隋代說

我國印刷術究竟起源於什麼時候？史冊上沒有明白的記載。因之來自學者有各種的推考，早的有謂始於東漢的，其次有始於北齊說，及始於隋代說。這三種說法的起源，實在是前人對於古籍文義的誤解，都不可靠。東漢說與北齊說與實際情形相去太遠，不加引辯。現在只對始於隋代的說法略加辯解。

雕板始於隋代說是首倡於明嘉靖年間的陸深，所著的《河汾燕閒錄》卷上說：「隋文帝開皇十三年（五九三）十二月八日，勅廢像遺經，悉令雕撰，此印書之始，又在馮瀛王先矣」。日本島田翰《雕版源流考》引這段記載，改「悉令雕撰」為「悉令雕版」。並說此語出隋費長房《歷代三寶記》，今本作雕撰，而陸深為明人，猶及見舊本，而記云雕板，必宋藏中有作雕板的，以強調宋代已知印刷。又近人孫毓修著《中國雕版源流考》引《敦煌石室書錄》：「大隋求陀羅尼經上面，左有施主李和順一行，右有王文沼雕版一行，宋太平興國五年翻雕隋本」，遂謂雕版肇自隋時。

四、唐初玄奘印普賢像

在現存的典籍中，記載我國有印刷品出現最早的時代，是在唐代的初年。唐馮贄《雲仙雜記》卷五引《僧園逸錄》說：「玄奘以回鋒紙，印普賢像，施於四眾，每歲五馱無餘」玄奘生於隋開皇二十年（六〇〇），死於唐高宗麟德元年（六六四）。如果此說可靠，我國印刷術的起始，至遲已在七世紀的中葉。只是此書的作者，舊題唐馮贄撰，而四庫提要據張邦基《墨莊漫錄》考訂是北宋時王銍所僞撰此書中所記載的，大都怪誕不經。所引的書，也多未見於著錄。所以對這條資料，前人常不敢採信。

玄奘印普賢像施人的事，雖然在唐釋慧立所撰的《大慈恩寺三藏法師傳》及道宣《續高僧傳》中的玄奘傳都沒有記載。但慧立的《三藏法師傳》卷十敘及玄奘自印度求經返回長安後，在顯慶三年高宗派使臣來慰問及賜賚，云：「法師受已，皆為國造塔，及經營像，給施貧窮……發願造十俱胝像」。又說他在臨終時命嘉尚法師具錄他所翻的經論，及所「造像十俱」。

玄奘所印的普賢像是怎樣的呢？據我的看法，很可能是雕刻像印章似的，在紙上鈐蓋而成的。在敦煌石室中所發現這類的佛像很多，有整卷紙上鈐蓋著成百小佛像。國立中央圖書館展出的有一卷唐人寫《佛說佛名經》中，即鈐有這一類的小佛像，然後再用手來著彩色。用佛像印鈐蓋到紙上，印成佛像，在方法上顯然還不脫印章使用的範疇。

中唐印書已極普遍

根據舊籍的記載，在西元第九世紀，唐代的中晚年，雕版印書的事，已經相當的普遍了。自刻書的地域來說，至少有四川、河南、淮南、浙江、江西、敦煌等地。自刻書的範圍來說，除了佛教的經咒而外，有詩集、曆書、字書、小學，及陰陽五行等書。不僅是短篇的民間通俗印刷品，大部頭的，士人必讀的小學書，如五卷《廣韻》、三十卷的《玉篇》，也雕印過。當時的印刷技術如何？到了敦煌石室發現後，才使我們得到一個輪廓。斯坦因在敦煌得到了一卷唐懿宗咸通九年（六八六）王玠刻印的《金剛般若波羅密經》，現藏於英國不列顛博物館，近年台灣曾做原卷影印流傳。從這部金剛經印刷的清晰，字體的遒勁，卷端圖樣雕刻的生動，可見第九世紀中葉，我國雕印的技術已經相當的進步，絕不是短時間就可以達到這種水準的。

「梵夾本」與「蝴蝶裝」

唐代圖書的裝置，通行的有兩種型式。一種是卷軸式，這是自戰國以來紙未發明前用帛寫書的舊式。一種是葉子裝，這是受印度貝葉經的影響而採用的，至遲在初唐即已流行，所不同的只是改橫寫為直書。唐代的刻本，也沿用這兩種型式，如咸通本《金剛經》即作卷軸形，這部經是八塊版印成，粘為一卷的。每塊版刻四十多行，在版中空隙處刻註版數。敦煌所出的「韻書」，則大都作葉子式。但是卷軸舒卷困難，查閱甚不方便。葉子查閱固然簡便，然而容易散失錯亂。在唐代末年大概是受了印刷普及的影響，促成了我國書裝的改進。一種由卷子改進為摺疊，即是書仍粘成長幅，只是不捲，而每隔若干行摺疊起來，就是宋以來的所謂梵夾本或經摺裝。這種裝置法，其實是印度貝葉經的遺制，所以後代僅限釋家經典採用。

由葉子裝改進為宋代的蝴蝶裝，這種演變的過程從伯希和在敦煌所獲得的五代印本《切韻》中可以清楚看出來。

宋代大量刻印經史

我國的印刷術經過了至少三百年的演進，又在政府的倡導之下，到了宋代更普遍起來，由少數的地域逐漸擴展到全國，刻書的内容則經史子集等四部無所不包。宋代的國子監繼承了五代國子監的事業，大量雕印書籍。長興監本《九經三傳》書版，宋初尚存，只是有注無疏。於是在太宗端拱元年（九八八）國子監奉敕校刊《九經三傳》的正義，到咸平四年（一〇〇一）完成，這是群經義疏有刻本之始。此原刻已不傳，但今尚有南宋覆本傳世，皆半葉十五行，即世所艷稱的單疏本。到了南宋紹興末年，福建三山人黄唐官兩浙東路茶鹽司時，取諸經的注與疏合在一起刊雕，是為注疏合刻之始。此諸本皆半葉八行，故稱為八行本，或叫做黄唐本，現在還有流傳的。

從歐體、趙體到宋體

在明嘉靖年間，我國書刻的字體有一個顯著的改變。原來在弘治以前，刻書時往往請書法名手繕寫上版，所寫的字體大多是當時通行的書體。如宋刻書多歐陽率更體，間亦有用顏，柳體或摻雜宋徽宗的瘦金體。元中葉以後書刻則多倣趙文敏松雪體，一直到明弘治間，都沿此習尚。正德嘉靖間，覆刻宋本的風氣頗盛，因當時最重詩文，所以覆刻唐人的詩文集最多。前曾談過，唐人的詩集以臨安陳起刻得最多，故明人翻刻也都根據書棚本。嘉靖中彙刻唐人詩集的如朱警《唐百家詩》、黃貫曾《唐詩二十六家》、蔣孝中《唐詩》、張遜業《東壁圖書府唐十二家詩》等，都是根據十行十八字書棚本翻刻的。書棚本刻書是用歐陽率更體，翻刻

時亦仿其體，於是成為風氣。

爾後雕工為了便於施刀，漸變成橫輕豎重板滯不靈的匠體字，即今人所謂的宋體字。這種風氣入清以後，更至其極。現代人所謂的仿宋體，實際並非仿宋，而是仿明代的翻宋。（右三行為仿宋字）

甲骨文是什麼？

屈萬里

甲骨文是什麼呢？這本來是可以不必說的問題；但要說起來問題也並不簡單。我們可以說：甲骨文是我們現在所見到的中國最古的一種文字。誠然有人說，我們還看到黃帝的錢，上面鑄有文字，還有夏禹時代的岣嶁碑，它們的時代都比甲骨文為早，但是事實上我們知道這些都是不可靠的。我們中國應當有比甲骨文更早的文字，但還未有發現；所以甲骨文是我們現在所能見到的中國最古的文字，也就是三千年前殷代人所刻在龜甲牛骨等上面的文字。何以叫做甲骨文呢？甲指龜甲而言；殷人以龜算卦，在未算卦以前，先將龜殼的背面加以鑽鑿，使成為一個橢圓形的洞，卜卦時用火燒灼，這洞的正面就裂了一條直紋和橫紋，成為卜卦的卜字的形狀。殷人用龜算卦以外，也用牛的骨頭來算卦，情形也是一樣的。他們以兆紋來決定事情的凶吉，然後把他們所要卜的事情，記在甲骨上（即刻上文辭）。甲骨發現於殷代的都城，即今河南安陽縣。這地方出產的活龜不多而且身體不大，較大的乃是來自淮河長江流域一帶或者有更遠的。

（摘錄《中美月刊》九卷十二期）

近代出土的竹木簡

李書華

近六十多年以來，中國出土的古竹木簡，有：戰國楚簡、漢簡、魏晉簡等等。出土地區，有：湖南、河南、甘肅、寧夏、新疆各地。茲依古簡年代先後分別略述如下：

一、戰國楚簡：近年湖南長沙近郊發現戰國楚墓頗多，出土楚簡數批，均係竹簡。

二、漢　簡：二十世紀初年到中國西北考古發現漢魏晉古簡者，一為匈牙利人斯坦因（Sir Mark Aurel Stein, 1862-1943），一為瑞典人斯文赫丁（Sven Hedin, 1865-1952）。赫丁乃是近代發現中國古簡的第一個人。

甲、敦煌漢簡：西元一九〇七年斯坦因在敦煌西北古長城廢墟發現大批漢簡約近千枚。在廢墟一個拉雜堆中，僅數尺的地方，便得到三百枚以上的漢簡。此批漢簡，近人稱為「敦煌漢簡」。斯氏將此批漢簡及其以前在尼雅與古羅蘭遺址所得魏晉簡，連同若干古紙文件、帛書等物共約兩千號交由巴黎法蘭西學院（Collège de France）沙畹（Edouard Chavannes, 1865-1918）教授代為研究。沙氏選取其中較完整者九九一號作成考釋於一九一三年出版。

乙、居延漢簡：民國十九年四月間中瑞合組西北科學考察團瑞典團員貝格曼在古居延澤以南，額濟納河（即弱水，Edsen-Gol）

流域，黑城（Khara-Khoto）附近，東經100度至101度，北緯41度至42度之間，發現大批漢簡，有一萬餘枚之多。出土最多的城障是破城子（Mudur beljin）。在破城子一處，便獲得四千枚漢簡。這一大批漢簡大都是木製，極少數是竹製。

丙、羅布淖爾漢簡：黃文弼《高昌》載：民國十九年春中瑞合組西北科學考察團中國團員黃文弼在羅布淖爾附近一個古烽燧遺址發現古簡殘整共約數十百枚，整者長營造尺八寸，寬三分，有隸書，有草書。在諸簡中發現有黃龍（西元前49年）元延（西元前12至西元前9年）諸年號。又有一簡剖為兩半，或即當時符節。

又一九四八年黃文弼《羅布淖爾考古記》載：彼曾在羅布淖爾區域發現漢簡七十一枚，其記有年代者為西元前四十九年及西元前八年。胡盧斯為曾引黃氏漢簡發現於其〈漢代文件〉一文中，載入《通報》。

丁、武威漢簡：一九五九年甘肅武威磨咀子一座東漢時期的土洞墓內發現大批竹木簡，完整者為數達385枚，殘簡有225片。磨咀子在武威縣城南十五公里，位於祁連山麓。此批竹木簡中木簡多，竹簡甚少。木簡有長短兩種，均係松木質料。短簡僅九枚，長20至22公分，寬約1.5公分，多為記述宜忌之類的迷信語。長簡大都保存完整，長54至58公分，寬0.8至1公分；簡上墨書頗精，每支簡上有60至80個字，以60個字最多，簡體字和異體字都有，是古代儀禮的一部分；並有細麻繩捆編的痕跡，捆道並列四行。

三、魏、晉簡：一九〇〇至一九〇一年斯文赫丁在新疆羅布淖爾北古樓蘭遺址（西元350年被棄置）考古，發現魏晉木簡約一百二十枚及許多紙文件。木簡記有年代者，有〔魏〕咸熙三年（266）；咸熙五年（268）；〔晉〕泰始二年（266），泰始四年（268），泰始五年（269）。按魏陳留王咸熙二年，即晉武帝泰始元年，亦即西元265年。

（摘錄《大陸雜誌》29卷10期）

蝴蝶裝與線裝書的優劣

莊練

蝴蝶裝與線裝書的優劣比較如何？宋張邦基的《墨莊漫錄》卷四說：「王洙原叔內翰嘗云，作書冊黏葉為上，歲久脫爛，尋其次第，足可抄錄。屢得逸書，以此獲全。若縫績歲久斷絕，即難次序。初得董氏《繁露》數冊，錯亂顛倒，伏讀歲餘，尋繹綴次，方稍完復，乃縫績之弊也。」

這說明了宋代的書籍並非沒有用線裝釘的，只是裝釘的技術欠佳，反不若蝴蝶裝之黏貼牢固。而由「縫績歲久斷絕，即難次序」二語看來，宋代的書籍，很可能並不在每一頁上註明頁次。因此在一旦線斷之後，便頁頁分散，不復再能次第了。蝴蝶裝何以「歲久脫爛」之後尚有次第可尋？

這是由於古時所用黏糊製作甚為考究，調製時配入各種防腐防蠹的藥料，足可經久不壞。即使整本書的裝釘脫爛。總黏在護葉上成為一疊疊的各頁，必不全脫，尋繹次第，尚不難使其復原。比之線裝書之一旦線斷即頁頁不相連屬的情形，自然要好得多了。

照以上所說的情形看來，蝴蝶裝並不優於線裝；只要能改進線裝的裝釘技術，又在每一頁上加註頁次，上述缺點，便可以得到彌補。明清以後的線裝書，每本書中加有紙捻，穿釘極為牢固，即使外面的釘書線斷爛。書冊仍能保持完整。而且每頁的中縫都已刻印卷次頁次，即使斷散，亦不難查明次第。有了這種改進之後，蝴蝶裝便不是線裝的敵手了。試看現有的蝴蝶裝書冊，除了覺得它的形式別緻之外，翻閱既不方便，重裝亦極麻煩，比較起來，還是線裝書較為進步。

（摘錄《中美月刊》十一卷五期）

古籍線裝書裝訂形式的演變

形式	朝代	主要材料	特色	優點	缺點
卷軸裝	唐至宋	以紙為主	書寫方便，輕巧易於攜帶蒐藏，且美觀。以一圓軸從左至右捲。	書寫方便，輕巧易於攜帶蒐藏，且美觀。紙張便宜、普及。	同卷內容不易尋找，閱讀時需邊捲邊讀。
炫風裝	唐至宋	以紙為主	仍以捲軸形式出現，舒展開可以逐頁翻閱，收攏起來像炫風故稱。	查看資料比卷軸容易	製作時較其他裝訂形式複雜、費工。
經摺裝	魏晉之後	紙，絹	展開似卷軸，合起則為長方形。	翻閱、檢索容易，置放容易	容易散失，若圖像有跨頁時頁面會有摺痕。
蝴蝶裝	五代至宋元	紙	翻頁似蝴蝶，書口大。	翻閱、檢索、置放容易，不易散開，且書口、書首、書根可以裁切。	由於書頁向內摺，因此書頁背面為空白頁，摺頁處容易裂開而分散。
包背裝	元至明中葉	紙	紙釘加固，書背上糊。	翻閱、檢索、放置容易，不易散失。	書口、書首、書根容易損傷
線裝	宋元明清民初	紙	紙釘與縫線加固	翻閱、檢索、放置容易，更不易散失。	書口、書首、書根容易損傷

古籍書板刻印刷版次的區別

彭正雄

古籍書板刻印刷版次的區別，古書是用木板雕刻，刻工難免刻錯字，要如何補救？就需將錯字挖洞再塞進木條重刻，所以初刷是完整的文板，也就是第一刷版本。

古籍書，木雕版需要有藏書（板）樓存放，再刷隨時可取用。日後刷印，因歲久補刻字的木條縮水，在搬遞木刻板印刷時，木條不慎脫落，而印刷時就少字，這是辨別二刷板（第二版）的差異。

注：板通版。

後記

彭正雄

自一九六二年投入出版工作，從事編輯浸潤中國古籍數十載，每天工作十二小時，迄今從事出版事業近一甲子，舉起文化使命的火把繼續耕耘。自忖宋明清版刻有所識別，貴編製「湘鄉曾氏八本堂」手稿手札，深感對先賢智慧，不論版刻，手稿識別浸潤，發現曾國藩短缺兩年日記，居然是被層層棉紙裹包著兩小冊子——《綿綿穆穆室日記》（現寄存國立故宮博物院）。對先賢敬佩與個人版本感興趣，古籍辨識有所獲，更需要瞭解裝幀，古籍版次越刷則越漏字，現代書越刷則越精確，因識古今書籍有涉略，謹將個人所知以圖說簡述，引用前輩文論附之。再刷承蒙連寬志先生校正，謹此致謝。

著者二〇一五年十月三十日於淡江大學中文所博士班講授教材，重訂而成。

新刊校定集注杜詩卷一

古詩

奉贈韋左丞丈二十二韻

注鮑文虎云韋濟韋嗣立子天寶中授尚書左丞史有傳附嗣立後

紈袴不餓死 前漢班氏叙傳曰王鳳薦班伯宜勸學召見宴昵殿上方鄉學鄭寬中張禹朝夕入說尚書論語於金華殿中詔伯受焉數年金華之業絶出與王許子弟爲羣在於綺襦紈袴之間非其好也晉灼曰白綺之襦氷紈之袴也師古曰紈素也綺今之細綾也並貴戚子弟之服朱買臣妻曰如公等終餓死於溝中耳趙云梁任昉奏彈劉整云以前代外戚仕因紈袴晉束晳云丹墀步紈袴之童

進士陳　[illegible]

潮州州學賓辛　安中

承議郎前通判韶州軍州事劉　鎔　同校勘

朝議大夫廣南東路轉運判官曾　噩

紙釘

紙釘

古代書籍及其裝幀

甲骨文

紙張未發明時

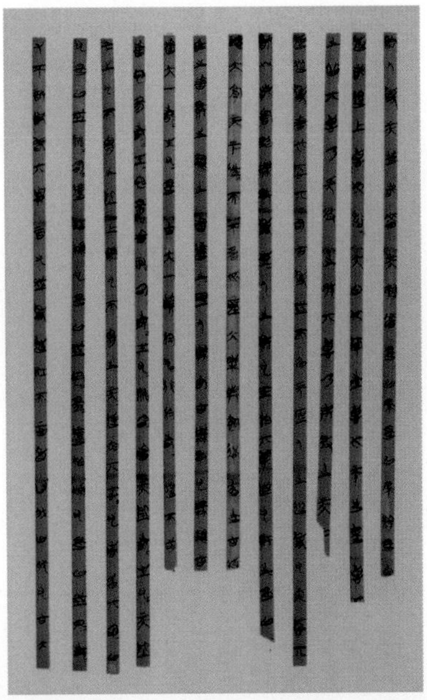

竹簡《老子》

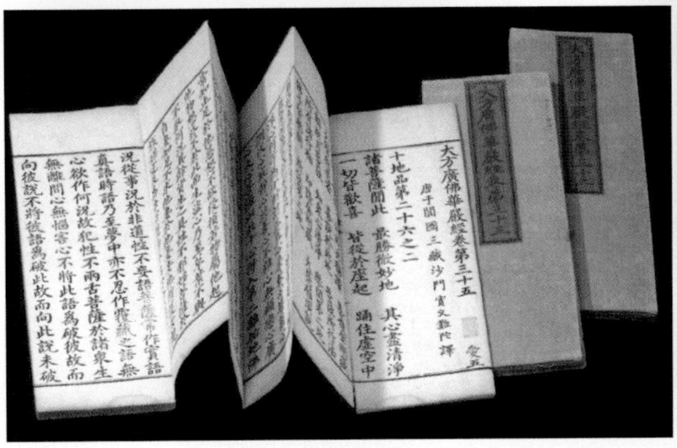

唐朝　經摺裝

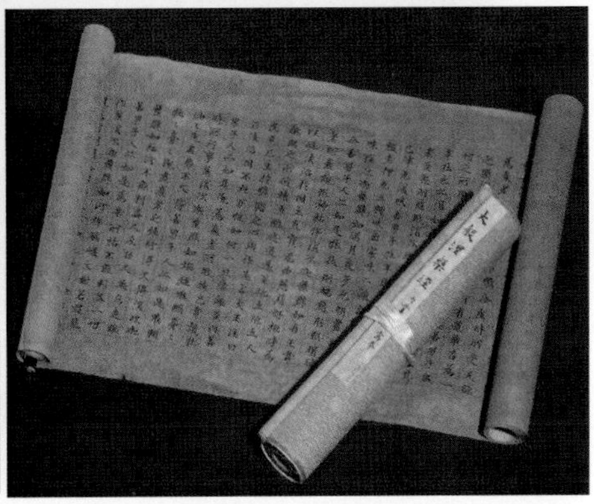

唐朝　卷軸裝

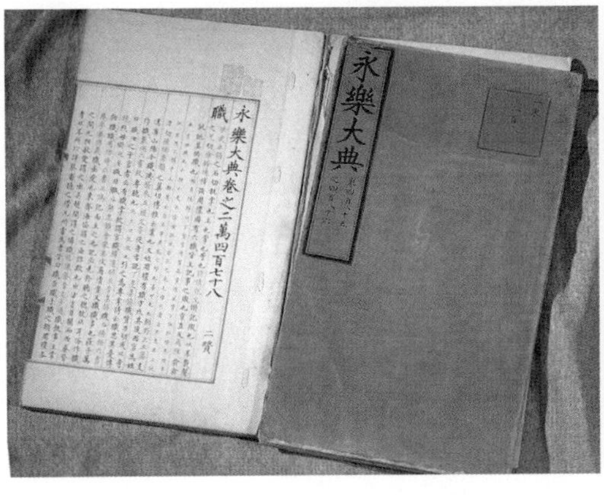

元、明朝　包背裝

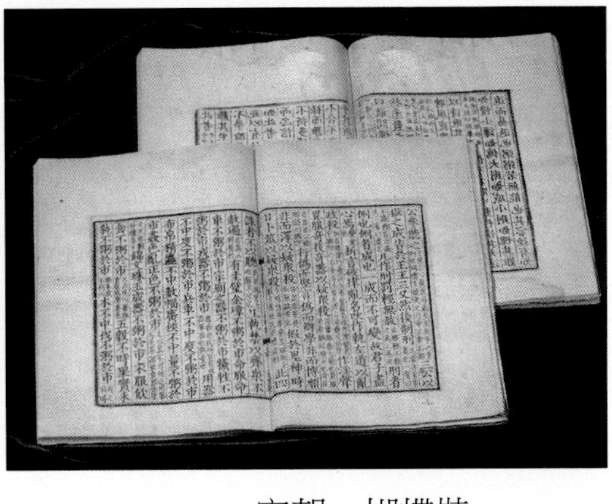

宋朝　蝴蝶裝

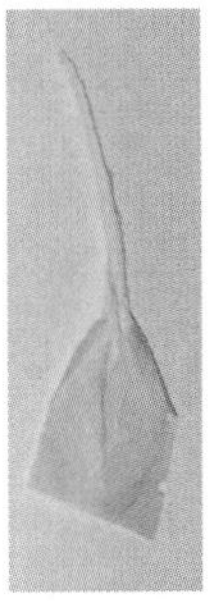

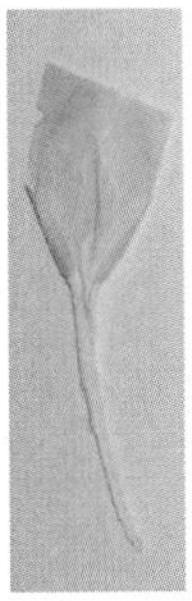

線裝書的紙釘，可固定書本不易脫落。參見頁40內側圖示。

宋元明清的線裝

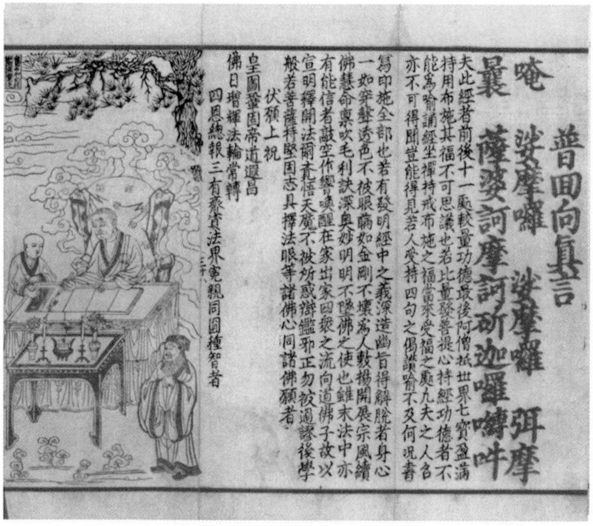

元至正朱墨套印《金剛般若波羅蜜經》

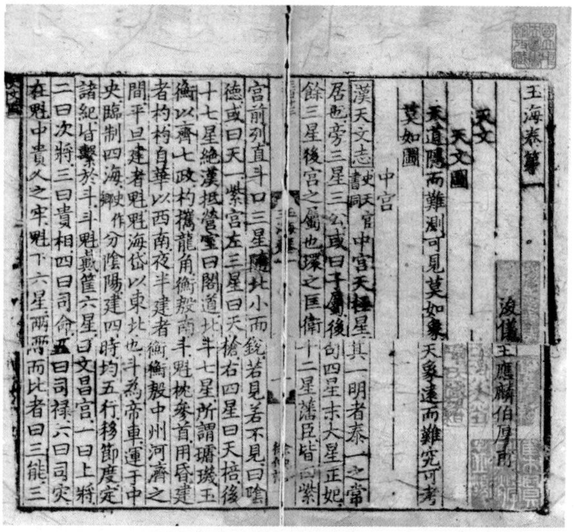

元刻本《玉海》

線裝書布夾板

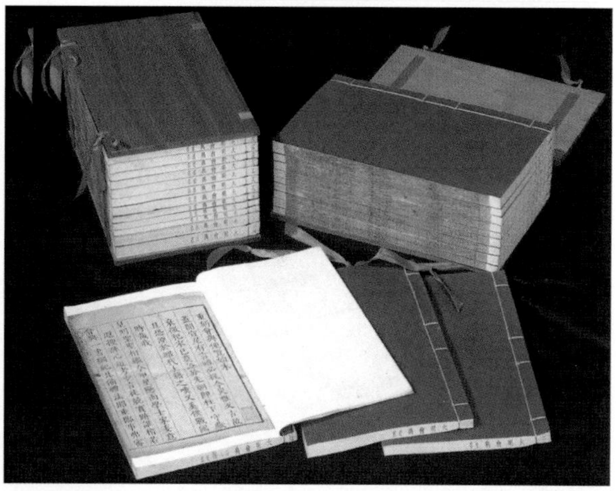

線裝書之夾板

（以上 9 幅資料來源：《國立中央圖書館特藏選錄》1986）

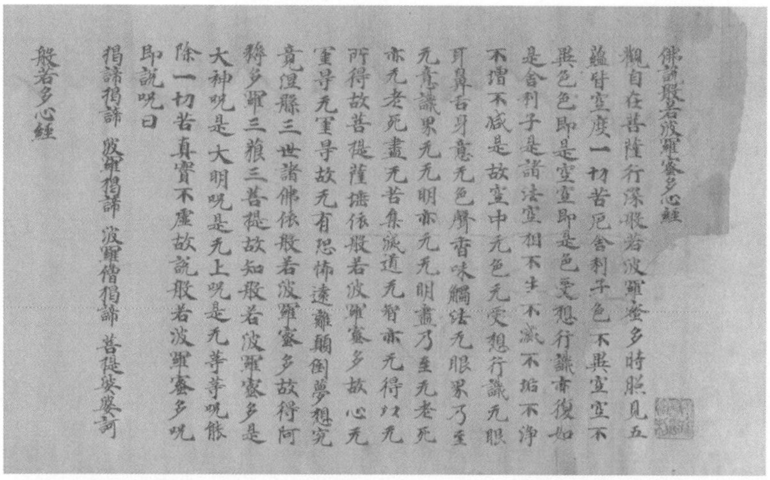

左圖：敦煌寫本《般若波羅多心經》，中國國家圖書館收藏。黃麻紙，卷軸裝，長 36.5cm，寬 25.2cm。7、8 世紀間寫本。

全經 260 字，講說世界一切事物本性皆空，如領會其中奧旨，便消除一切苦厄，得到最後解脫，「究竟涅槃」。

寧夏 銀川 清真寺收藏「牛皮手抄書」

景印宋本新刊校定集注杜詩 一

①蝴蝶裝樣式
頁 43 – 82
②線裝樣式
頁 83 – 166
③《集注杜詩》
原尺寸印製

新刊校定集注杜詩卷一

古詩

奉贈韋左丞丈二十二韻 注鮑文虎云韋濟韋嗣立子天寶中授尚書左丞史有傳附嗣立後

紈袴不餓死 前漢班氏叙傳曰王鳳薦班伯宜勸學召見宴昵殿上方鄉學鄭寬中張禹朝夕入説尚書論語於金華殿中詔伯受焉數年金華之業絶出與王許子弟爲羣在於綺襦紈袴之間非其好也晉灼曰白綺之襦氷紈之袴也師古曰紈素也綺今之細綾也並貴戚子弟之服朱買臣妻曰如公等終餓死於溝中耳趙云梁任昉奏彈劉整云以前代外戚仕因紈袴晉束晳云丹輦或紈袴之童

東野遺白頭之異新子云伯夷叔齊餓死首陽之山史記云伯夷叔齊積仁潔行如此而餓死前漢周亞夫傳許負相之曰君後九年而餓死鄧通傳上使善相人者相通曰當貧餓死

儒冠多誤身

莊子曰儒者冠圜冠者知天時儒行曰冠章甫之冠前漢酈食其傳沛公不喜儒諸客冠儒冠來者沛公輒解其冠溺其中趙云此篇雖古詩二十二韻而第二字平側相次又多對偶紈袴不餓死言貴富者之享福祿儒冠多誤身言爲士者之易貧賤公詩又曰有儒愁餓死則不餓死之反矣又曰儒術豈謀身亦此之謂也

丈人試靜聽賤子請具陳

易師貞丈人吉注丈人嚴莊之稱應璩詩避席跪自陳賤子實空虛鮑照東武吟主人且勿喧賤子歌一言趙云吳越春秋載伍子胥謂漁父曰性命屬天今屬

空白爲蝴蝶裝樣式

空白爲蝴蝶裝樣式

文人此呼人爲丈人矣劉伯倫酒德頌有孰視不見太山之形靜聽不聞雷霆之聲蜀志許靖與曹公書云豈可具陳古詩歡樂難具陳卌有託名東坡事實輒云毛遂有言賤子一一具陳之以爲渾語却不引出何書其全秩引類皆如此非特浣吾杜公文浣蘇公而罔無識眞大雅之厄學者之不幸也

甫昔少年日貫誼洛陽年少趙云沈休文別范安成云平生少年日

早充觀國賓易觀國之光利用賓于王趙云充字晁錯傳以臣充賦

讀書破萬卷下筆如有神三輔決録蔡邕傳不妄下筆魏文帝論云傳武仲下筆不能自休孔文舉表性與道合思若有神趙云梁孝元帝之敗焚圖書十四萬卷曰讀書萬卷猶有今日故焚之中著一破字則字著力而新奇矣

賦料揚雄敵

揚雄有長楊甘泉等賦 趙云雄傳曰顧常好辭賦每擬相如故公於賦則言敵揚雄

詩看子建親

增添曹植字子建封陳思王善屬文著洛神賦責躬公讌等詩後人謂天下才共一石子建獨得八斗 趙云鍾嶸爲詩品其品子建詩云植詩原出於國風氣骨高奇辭彩華茂超越今古卓爾不羣故公於詩言親子建也親字親近之親言與之近也

李邕求識面

李邕廣陵江都人父善嘗注文選邕少知名長安李嶠等薦邕詞高行直堪爲諫官由是召拜左拾遺玄宗東封獻賦稱旨後進不識京洛阡陌聚觀以爲古人或傳眉目有異衣冠望風尋訪門巷填隘齊神武自太原來朝見宋遊道曰常聞其名今日始識其面 師云按新唐史杜本傳言公自少貧不自振客齊趙與楚間李邕奇其才先往見之 趙云新書

空白爲蝴蝶裝樣式

空白爲蝴蝶裝樣式

誤矣蓋惑於後篇有陪李北海宴歷下亭而言之耳殊不知公在洛陽時李邕先與相見其後邕爲北海太守遇公於齊州又相見至青州又相見何以明之陪李北海宴歷下亭則相見於齊州蓋歷下亭在齊州也八哀詩於李邕篇云伊昔臨淄亭酒酣託末契則相見於青州蓋臨淄亭在青州也又云重叙東都別朝陰改軒砌則追言洛陽相見事蓋洛陽則東都也豈不先識面於洛陽而在齊地再相見乎則新唐書之誤以再見爲始識識面矣

王翰願卜隣 唐王翰并州晉陽人日聚英豪恣爲歡賞文士祖詠杜華嘗在座　師云左傳非宅是卜惟隣是卜

自謂頗挺出立登要路津 古詩何不策高足先據要路津　趙云曹子建云人人自謂握靈蛇之珠呂凱與雍闓檄云諸葛丞相英抄挺出

致君

堯舜上再使風俗淳 魏杜恕舉明主於唐虞之上 增添孟子伊尹曰豈君使是君爲堯舜之君 魏應璩與弟君胄書思致君於有虞矣 趙云嵇康傳鍾會欲害康曰宜因釁除之以淳風俗

此意竟蕭條行歌非隱淪 前漢朱買臣家貧好讀書不治產業艾薪樵賣給食擔束薪行且誦書其妻亦負戴相隨數止買臣毋歌謳道中買臣益疾歌妻羞之求去恚怒曰如公等餓死溝中耳何能富貴買臣不能留即聽去其後買臣獨行歌道中負薪墓間宋顏延年詠嵇中散詩曰立俗遷流議尋山結隱淪謝朓敬亭詩隱淪既已託鮑照詩孤賤長隱淪謝靈運既枉隱淪客 趙云鮑照荅客篇此意更堅滋鮑照發後渚詩有蕭條背鄉心列子載林類年且百歲拾穗行歌張湛注云古之隱者也舊注却引

空白爲蝴蝶裝樣式

空白爲蝴蝶裝樣式

朱買臣行歌道中負薪此乃窮困悲歌耳
與非隱淪之義不相接桓譚新論曰天下
神人五一曰神仙二曰隱淪郭璞江賦有
納隱淪之列眞舊注引顏延年謝朓鮑照
謝靈運詩皆在新論江賦之後此不知本
始是謂無祖者也世說周顗何如庾亮顗
曰蕭條方外亮不如臣

騎驢三十載旅食京華春

任昉詩結歡三十載生死一交情陶潛閑居三十載趙去後漢李尤騎驢馳村狐兎驚走魏文帝與吳質書旅食南館郭景純遊仙詩曰京華遊俠窟謝靈運齋中讀書詩曰昔余遊京華京華繁富之地而當春時尤爲繁富於此旅食亦不能爲樂矣

朝扣富兒門暮隨肥馬塵

鮑照詩結交多貴門出入富兒鄰趙去論語乘肥馬

殘杯與冷炙到處潛悲辛

顏氏家訓

處之下座以取殘杯冷炙趙云鮑照野鵝賦云對鐘鼓之悲辛主上頃見徵，欻然欲求伸六韜曰欻然而往易曰尺蠖之屈以求伸趙云官韻欻字注云有所吹起見神仙傳王母降大茅君歌曰駕我八景輿欻然入玉清又莊子庚桑楚篇出無本入無竅又注云欻然自生非有本欻然自死非有根又法華經有欻然火起之語青冥却垂翅，蹭蹬無縱鱗。後漢馮異傳始雖垂翅回谿終能奮翼澠池王褒頌曰沛乎若巨魚縱大壑海賦蹭蹬窮波失勢貌趙云屈原悲回風云據青冥而攄虹王逸九思曰玄鶴兮高飛增逝兮青冥注青冥雲也此兩句以魚鳥為喻一反一正可以為句法宋王九辯悲蹭蹬而無歸甚愧丈人厚，甚知丈人眞。范元實詩眼曰必言所以

空白爲蝴蝶裝樣式

空白爲蝴蝶裝樣式

見韋者於是有厚媿眞知之句所以眞知者爲傳誦其詩也趙云厚言其相待之厚蓋如後漢云所以慰藉之甚厚眞言其懷抱之眞蓋如莊子云其爲人也眞厚則相親愛眞則不藏善乃所以爲每每誦杜公佳句也此厚與眞之義甚明詩眼所謂却成杜公厚自慚媿於韋杜公眞實能知韋之賢耳非是蓋不省厚眞字是詩字之足只單著一字爲句且用押韻而字自有力其義煥然也

每於百寮上

猥誦佳句新

趙云左傳同官爲寮書百寮師師誦佳句於同寮是時公已召試賜官也世說載孫與公作天台賦成以示范榮期每至佳句輒云應是我輩語而誦佳句三字則隋煬帝善屬文不欲人出其右王胄死帝誦其佳句云庭草無人隨意緣復能作此語耶

竊效貢公喜

前漢貢禹與王陽爲友世稱王

陽在位貢禹彈冠言其取舍同也杜補遺劉孝標廣絕交論曰王陽登而貢公喜子美贈沈八丈東美除膳部員外郎又云徒懷貢公喜哭韋大夫之晉詩亦云貢喜音容間

難甘原憲貧

仲尼弟子傳原憲在草澤中子貢相衛而結駟連騎排藜藿入窮閻過謝原憲憲攝敝衣冠見之子貢曰夫子豈病乎原憲曰吾聞之無財謂之貧學道而不能行謂之病若憲貧也非病也子貢慙而去　趙云沈佺期傷王學士詩云原憲貧無怨顏回樂自持

焉能心怏怏

趙云吳越春秋吳王僚之母謂王曰公子光心氣怏怏常有媿恨之色舊注却引韓信周亞夫傳乃鞅鞅字又不連心字非公本意所引用耳

秖是走踆踆

踆踆行走皃張平子西京賦言伎戲曰大雀踆踆

今欲東入海即將西

空白爲蝴蝶裝樣式

空白爲蝴蝶裝樣式

去秦語曰、乘桴浮于海、又曰、少師陽擊磬襄、入于海、李斯上始皇書、令乃却賓客以棄諸侯、使天下之士畏足不入秦、趙云、去秦言欲捨而去耳、乃張儀惡陳軫於秦王曰、軫欲去秦而之楚、舊注、却引李斯言天下之士、退而不敢西向畏足、不入秦、却只是不入秦矣、**尚憐終南山、回首清渭濱、**王粲回首望長安、趙云、潘安仁西征賦、言長安之境曰、南有玄霸素滻、北有清渭濁涇、故公凡言渭必曰清渭、言涇必曰濁涇、皆用此矣、終南山與清渭、以在秦地、故接去秦之下之、　及**常擬報一飯、況懷辭大臣、**范睢傳、一飯之德必償、孔融傳、一餐之惠必報、趙云、李固傳云、竊感古人一飯之報、注云、謂靈輒也、公所用主此、舊注更引范睢傳、一飯之德必償、自是償字、又引孔融傳、一餐之惠必報

自是餐字以一飯之恩嘗擬如靈輒之報宣子況大臣相知不獨一飯耳其去之懷思爲如何此詩人之情也

白鷗沒一作波浩蕩萬里誰能馴

顏延年詩鷙鶲有時鎩龍性誰能馴謝眺詩浩蕩別親知東坡去波乃沒字宋敏求謂余鷗不善沒改作波殊不知鷗之㦯沒煙波最爲自然禽經云鳧善浮鷗善沒沒字爲是趙云何遜詩可憐雙白鷗朝夕水上游浩蕩雖本水而不必專言水或取流放之皃如離騷云怨靈脩之浩蕩或取曠遠之皃如楚辭曰志浩蕩而傷懷是也世間本多作波字東坡定作沒字言鷗滅沒於煙波間而浩蕩遠去尤有義理而宋敏求謂鷗不解沒作波字便覺一篇神氣索然也范淑東甫云世有師曠禽經之書其中曰鳧善浮鷗善沒則沒字却是沉沒之沒即與前說又相反矣

空白爲蝴蝶裝樣式

空白爲蝴蝶裝樣式

送高三十五書記 鮑云高書記適也字達夫渤海人少落魄客梁宋間宋州刺史張九皐奇之舉有道調封丘尉不得志去客河西河西節度使哥舒翰表爲左驍衛兵曹參軍掌書記

崆峒小麥熟且一作吾願休王師 家語宓子賤爲單父宰百姓化之齊攻魯道由單父單父老請曰麥已熟矣今齊寇至不及人人自收其麥請放民皆使出穫麥可以益糧且不資寇三請而宓子賤不聽俄而齊寇逮乎麥季孫聞之怒使人讓之宓子蹵然曰今玆無麥明年可種若使不耕者得穫是使民樂有寇也季孫聞之赧然媿曰地若可入吾豈忍見宓子哉賈誼書同續漢書曰桓帝時童謠曰小麥青青大麥枯誰當穫者婦與姑丈夫何在西擊胡杜正謬云崆峒西方山也按史記云黃

帝西至于崆峒韋昭注曰在隴右九域圖志云岷州和政郡有崆峒山皆非爾雅所載按爾雅乃作空峒字汝州亦有崆峒山蓋名同爾　趙云曹操云麥熟更來　**請公問主將焉用窮荒爲**　祿山亂哥舒翰討賊適佐翰守潼關翰敗適奔赴行在　趙云窮荒謂適爲書記隨翰遠事於吐蕃也舊以爲佐翰守潼關乃在天寶十二年之後誤矣主將指哥舒翰吳書張紘傳紘諫孫權曰主將乃籌謀之所自出孔子云焉用彼相　**飢鷹未飽肉側翅隨人飛**　魏志呂布因陳登求徐州牧不得布怒登喻之曰登見曹公言待將軍譬如養虎當飽其肉不則噬人公曰不如卿言譬如養鷹飢則爲用飽則揚去布乃解載記慕容垂猶鷹飢則附人飽則高飛　趙云鮑照蕪城賦飢鷹厲吻　**高生跨鞍馬有似幽**

空白爲蝴蝶裝樣式

空白爲蝴蝶裝樣式

并兒 曹子建白馬飾金羈連翩西北馳借問誰家子幽并游俠兒山簡舉鞭問葛強何如并州兒 趙云幽并兒蓋游俠者高以文士而從軍故云鞍馬吳質答東阿王書曰情踴躍於鞍馬舊注引鮑照詩云鞍馬光照地在後矣今攷西漢匈奴傳文帝親御鞍馬則趙所引又在後矣

脫身簿尉中始與捶楚辭 韓愈云判司卑官不堪說未免捶楚塵埃間 鮑云謂唐時參軍簿尉受杖非也今詳杜所言捶有罪者也退之江陵途中云栖栖法曹掾何處事卑陬何況親犴獄敲榜發姦偷此豈身受杖如漢諸署郎耶 趙云適舉有道科中第調封丘尉翰表用之故云漢紀張良曰脫身去閒至軍矣路溫舒云捶楚之下何求不得

借問今何官觸熱向武威 前漢武威郡匈奴休屠王地武帝太初四年開 趙云武威唐涼州也今

脫身一尉爲翰見知而辟用雖熱行而不憚矣荅云一書記所愧

國士知陳琳表本初書記之士又阮瑀管書記之任賈誼傳豫子曰中行以衆人畜我我故衆人事之智伯以國士遇我我故國士報之人實不易知

更須愼其儀一作宜范睢傳侯嬴謂信陵君曰人固未易知知人亦未易

趙云詩九十其儀十年出幕府自可持旌麾一作旗李廣傳幕府省文書師古曰幕府者以車幕爲儀軍旅無常居止故以帳幕言之廉頗李牧市租皆入幕府是也此行旣特達足以慰所思一云亦足慰遠思趙云易乾卦體仁足以長人曹子建責躬四言威靈所加足以沒齒

男兒功名遂亦在老大時古樂府少壯不努力老大徒悲

空白爲蝴蝶裝樣式

空白爲蝴蝶裝樣式

傷趙云男兒字起於剖竹視之得一男兒也功名遂字老子功成名遂之摘文也

常恨結歡淺各在一天涯古詩相去萬餘里各在一天涯趙云左傳楚子使椒舉如晉曰君願結驩於二三君

又如參與商

慘慘中腸悲蘇武詩昔爲鴛與鴦今爲參與辰王正長雜詩云王事離我老殊隔過參商陸士衡詩形聲參商乖音息曠不達昭元年傳子産曰昔高辛氏有二子伯曰閼伯季曰實沈居于曠林不相能也日尋干戈以相征討后帝不臧遷閼伯于商丘主辰商人是因故辰爲商星遷實沈于大夏主參唐人是因以服事夏商故參爲晉星趙云揚子曰吾不覿參辰之相比也鮑照行路難朝悲慘慘遂成滴阮籍詩容好結中腸

驚風吹一作飄

鴻鵠不得相追隨

趙云離別之言曹子
建詩飛蓋相追隨

黃塵翳沙漠念子何當歸

前漢匈奴傳隔以山谷壅以沙漠盧
諶贈崔溫詩北眺沙漠燕曹子建樂
府少小去鄉邑揚聲沙漠垂蘇武欲展清
商曲念子不能歸江淹詩飲馬出城濠北
望沙漠路陳湯傳匈奴不敢南鄉沙漠前
書音義沙七曰漠即今磧也　趙云曹子
建賦云大風隱其四起揚黃塵之冥冥李
陵歌曰徑萬里兮渡沙漠鮑照北風涼行
有云問君得
行何當歸

邊城有餘力早寄從軍詩

王
仲
宣云從軍征遐路討彼東南夷陸士衡樂
府詩有從軍行苦哉遠征人北戍長城阿
趙云史記士蔿曰邊城少寇而長楊賦
求無邊城之警曹子建白馬篇邊城多警
急論語行
有餘力

空白爲蝴蝶裝樣式

空白爲蝴蝶裝樣式

贈李白 趙新唐書載白隱岷山後更客任城居徂徠山按任城屬濟州時白方在東都將游梁宋而往也故公詩及之

二年客東都所歷厭機巧 趙云周公居東二年東都今之東西京也起於班孟堅作兩都賦名之曰東都故得承以為言也木華海賦云不悟所歷之近遠潘安仁悼亡云望廬思其人入室想所歷詩序其人機巧而江文通擬張綽詩旨中去機巧

野人對羶腥蔬食常不飽 論語先進於禮樂野人也趙語云飯蔬食詩云今也每食不飽孟子雖蔬食菜羹未嘗不飽也

豈無青精飯使我顏色好 梁書兩韓之孝友純深庾郭之形骸枯槁或橡飯菁羹惟日不足杜正謬謹按陶隱居登真隱訣載太極真人青

精乾石餌音迅飱也飯法云以南燭草木煑汁漬米爲之彭祖云大宛有青精先生清靈眞人眞誥云霍山有道者鄧伯元受青精石飯之法內見五藏冥中夜書色如嬰孺又云故服餌否春草生此物易尋想數誥玄水之處逍遥也亦爲青精也 學林新編云按青菜爲蘘謂之菁蘘字書菁蔓菁也書所謂菁茅禮所謂菁葅即此物也詩蓋用道書中陶隱居登眞訣其法即南燭草木浸米蒸飯暴乾其色青如鷖珠食之可以延年却老此子美所謂青精飯也神農本草木部有南燭枝葉久服輕身長年今人不飢益顏色取汁炊飯名爲烏飯又名黑飯草在道書謂之南燭草木在本草謂之南燭枝葉蓋一物也以菁蘘爲青精則誤甚矣

苦乏大藥資山林跡如掃

魏文帝游仙詩與我一丸藥光耀有五色 杜正謬丹書抱陽

空白爲蝴蝶裝樣式

山人大藥證曰夫大藥者須鍊沙中汞能取鉛裹金黄芽爲根蔕水火鍊功深又云鉛水汞水水者出於一源化爲白液結就堅氷此是眞陽也爲還丹之祖作大藥之基趙云四句通義離爲两端則語意不相接蓋詩人不以文害辭以青精石飯之法内見五藏色如嬰孺豈不謂之大藥乎而青精飯法其所用之物如以南燭草木葉煮取汁漬青稻米炊之張君房云青稻米如豫章西山青米吳越青龍稻草是也此亦費尋討不亦謂之大藥資乎

李侯金閨彥脫身事幽討

江文通別賦金閨之諸彥蘭臺之群英注云金馬門也謝玄暉尚書省詩既通金閨籍鮑云白嘗供奉翰林故云本傳白自知不爲親近所容求還山帝賜金帶放還脫身字見上注

亦有梁宋遊

任彥升令云客游梁朝則聲華籍甚顏延

年北使洛塗出梁宋郊鮑云白時得還與公同在洛將適梁宋也後在梁亦與公同游故遣懷詩云昔我游關中惟梁孝王都憶與高李輩論交入酒壚趙云梁謂汴州今之東京宋謂宋州今之南京

方期拾瑤草

江淹香壚峯詩瑤草正翕艴玉樹信葱青又曹植詩徙倚拾蕙草杜補遺江文通別賦惜瑤草之徒芳李善注高唐賦序云我帝之季女名曰瑤姬未行而亡封于巫山之臺精神爲草實曰靈芝又李注瑤草正翕艴曰瑤草玉芝也山海經曰姑瑤之山帝女死焉名曰女尸化爲瑤草其葉胥成其華黃其實如兎絲服之者媚於人

遊龍門奉先寺

龍門在西京河南縣地志曰闕塞山一名伊闕而俗名龍門耳奉先寺則公後又有近體詩云氣色

皇都近、金銀佛寺開也、

已從招提遊更宿招提境後魏太武帝始光元年創立伽藍爲招提之號、杜補遺釋氏要覽載釋名曰、寺嗣也、謂治事者、相嗣續於內、故天子有九寺焉、後漢明帝、永平十年、丁卯佛法初至、有印士二僧摩騰法蘭、以白馬䭾經像爲洛陽、勑於鴻臚寺安置、二十一年戊辰、勑於雍門外別建寺、以白馬爲名、謂僧居爲寺自此始、又增輝記云招提者梵言拓鬬提奢、唐言四方僧物、後人傳寫之誤以拓爲招、又省去鬬奢二字、止稱招提即今十方住持寺院是也、佛寺謂之招提蓋天竺國之語、如涅槃經云、造僧招提則生不動國、孟浩然詩、清夜宿招提、

陰壑生虛籟月林散清影謝莊月賦聲林虛籟淪池滅波梁昭

明太子鍾山解講瞰出巖隱光月落林餘影

天闕象緯逼雲臥

薛云山謙之丹陽記曰太興中議者昔言漢司徒許或墓闕可徙之王茂弘弗欲南望牛頭山兩峯曰天闕也豈煩改作

衣裳冷

黃氏多識錄云此寺今在西洛之龍門按韋述東都記云龍門號雙闕以與大內對峙若天闕焉方知老杜用天闕蓋指龍門也妄改爲天闚荊公又改爲天閱皆非杜正謬天闕龍門也子美詩注云龍門在洛陽之南蓋伊闕也遠望雙對峙如門而其詩有金銀佛寺開之句則奉先寺也洛陽記曰闕塞山在河南縣左傳晉趙鞅納王使汝寬守闕塞伏虔謂南山伊闕是也杜預注云洛西南闕口也俗名龍門是山谷云王介甫謂當作天閱蓋對雲卧爲親切耳鮑明遠樂府升天行風衾委松宿雲卧恣天行蔡正巽云世傳

古本作天闕今從之莊子以管闚天正用此字　趙云惟蔡伯世云古作天闚極是惜乎知引莊子以管闚天而已所以又起或者之疑莊子曰至人者上窺青天下潛黃淵後漢鄭惲傳曰非闚天者不可與圖遠若引此不亦明乎孟浩然雲卧晝不起

欲覺聞晨鐘令人發深省

望嶽

趙曰嶽一作岳甫詩集有三望嶽東嶽一名岱宗故曰岱宗夫如何其二南岳故曰南岳配朱鳥其三乃望西岳故曰西岳崚嶒聳處尊

岱宗夫如何齊魯青未了　書岳宗泰山為四岳所宗風俗通云泰山之尊者一曰岱宗岱始也宗長也萬物之始陰陽交代為五岳之長

趙云言其山之長大東嶽謂之岱宗書云東巡狩至于岱宗是也

造化鍾神秀陰陽割昏曉

晉孫興公遊天台賦序云天台者蓋山岳之神秀也陳書虎丘山者吳之神秀　趙云曹眡對儒篇云大人達觀任化昏曉上句言其山之靈異如劉禹錫言九華山爲造化一尤物也下句又言其山之長大如史記言崐崘日月所相避隱爲光明也

盪胷生曾雲

公羊曰觸石而出膚寸而合不崇朝而徧天下者泰山之雲也張衡南都賦滄水盪其胷　趙云陸機文賦有曾雲之峻曾積也曾積之雲其潤尤多可以盪滌人胷以言山之高

決眥入歸鳥

子虛賦中必決眥　薛云子虛賦稱射藝之妙所中者必決決裂其目眥也子美望嶽以言觀覽之遠攄決其目力入飛鳥之羣與射弓無相干明矣　趙

云屈原思美人云因歸鳥而致辭

會當凌絕頂一覽衆山小

孟子曰孔子登東山而小魯登太山而小天下揚子升東岳而知衆山之邐迤也漢官儀及泰山盤道屈曲上凡五十餘盤經小天門大天門如從穴中視天窻也　趙云沈休文早發定山詩云絕頂復孤圓劉義慶世說載云江左地促不如中國若使阡陌條暢則一覽而盡

陪李北海宴歷下亭

公自注云時邑人蹇處士等在坐北海漢中壽縣也齊置北海唐屬青州李北海李邕也

東藩駐皁蓋

後漢志中二千石皆皁蓋　趙云上林賦齊列爲東藩

北渚淩清河

陸士衡詩永嘆遵北渚　趙云屈原湘夫人云帝子降兮北渚

其後張平子南都賦云亂北渚兮揭南涯清河則指言濟河濟河謂之清濟故也燕王曰吾聞齊有清濟濁河以爲固是已**海右此亭古濟南名士多**書曰濟南伏生在西則謂之海右宜矣濟南則指齊趙云海在東而州州**雲山已發興玉佩仍當歌**魏武帝短歌行對酒當歌人生幾何薛云左傳吳申叔時乞糧於公孫有山氏曰佩玉蕊兮余無所繫之趙云鮑照園中秋散云臨歌不知調發興誰與歡詩瓊琚玉佩魏武帝短歌行云對酒當歌師楚辭王佩兮陸離離**脩竹不受暑交流空湧波**東京賦脩脩竹冬青陰池幽流趙云楚詞嬋娟之脩竹曹大家東征賦望河洛之交流鮑照詩不受外嫌猜魏文帝浮淮賦曰驚風泛湧波駭其後左太冲蜀都賦云沛

若濛汜之湧波

蘊眞愜所遇落日將如何

謝靈運登孤嶼詩表靈物莫賞蘊眞誰爲傳江淹詩悠悠蘊眞趣下言落日則惜其景之幽眞而酒筵將散也

貴賤俱物役從公難重過

趙易云貴賤位矣文選有牽以物役詩從公于邁左傳繾綣從公此兩句非特言邕當之官而各別又見公之不趨貴以爲誇矣彼淺丈夫者冀宵燭之末光分玉斝之餘瀝而不知耻與公有間哉

登歷下古城員外新亭北海太守

李邕作

本傳云李邕天寶初爲汲郡北海二太守時李之芳自尚書郎出齊州司馬作此亭歷下齊州春秋戰國並屬齊秦

屬齊郡漢韓信伐齊至歷下即其地文帝分置濟南景帝改爲濟南郡宋後周同隋初郡廢煬帝初置齊州大唐復爲齊州或爲臨淄郡復改爲濟南郡

吾宗固神秀謝宣遠荅靈運詩華宗誕吾秀之子紹前胤公有譜系自言李杜同出故言吾宗也薛云按此亭乃李之芳所構詩乃北海太守李邕爲之芳作注言李杜同出其誤甚矣

體物寫謀長陸士衡文賦體物而瀏亮潘岳西征賦摹寫舊豐制造新邑　趙云書爾乃不謀長

形制開古跡趙云舊有此亭而之芳新之杜公所謂海右此亭古也

曾冰延樂方趙云曾字音層與曾雲之曾同謝靈運苦寒行曰峩峩曾冰食樂方猶言樂土

太

山雄地里巨壑眇雲莊陳江摠鍾銘舟移巨壑趙去上句言東岳之太於地里為雄下句言東海之廣視雲路可眇小之列子曰渤海之東不知幾億萬里有大壑焉則海可言壑矣北齊祖孝徵望海詩曰登高臨巨壑雲莊大路也雲路至闊大者而海猶眇小之

高興泊煩促張茂先荅何劭詩煩促每有餘

永懷清典常詩維以不永懷易既有典常

含弘知四大易卦含弘光大品物咸亨老子域中有四大

出入見三光日月星爲三光亦謂之三辰又前郊祀志三光天文也

負郭喜粳稻左太冲蜀都賦粳稻漠漠新添蘇秦曰使我有洛陽負郭田二頃安能佩六國相印乎

安時謌吉祥莊子吉祥止止新添莊子安時處順哀樂不能入也

趙云邑詩雖亦兩字多有出處似同杜公法門而句法類皆枯瘠僻澁然公集中録首唱之人無幾而公今録邑此詩於集豈亦取其同法門耶

同前 公自注亭對鵲湖趙云李北海唱之於前而公和之於後

新亭結構罷 左太冲招隱詩巖穴無結構何平叔景福殿賦結構則脩梁彩制趙云孟浩然詩結構竟不淺又云結構依空林

隱見清湖陰 謝惠連西陵遇風詩分袂澄湖陰注水南曰陰趙云言昏明異候也梁簡文帝桅子花詩日斜光隱見風還影合離

跡籍臺觀舊 趙云亭之形跡憑籍臺觀之舊製籍字言圖籍所載舊有臺觀之跡於義皆通

氣溟海岳深 趙云言東海太山之氣相與接也此句乃接巫峽通雪山之法

圓荷想自

昔遺堞感至今遺堞城堞也趙去指物感槃蓋詩人之興芳宴

此時俱哀絲千古心杜補遺哀絲琴也記曰絲聲哀哀以立廉廉以立志君子聽琴瑟之聲則思志義之臣又枚叔七發曰龍門之桐高百尺而無枝使班爾斫斬以爲琴野繭之絲以爲絃孤子之鉤以爲隱九寡之珥以爲弜師堂操張伯牙爲之歌此亦天下之至悲也子能彊起而聽之乎注弜音的鉤珥皆寶也隱弜皆琴上飾取孤子寡婦之寶而用之欲其聲多悲哀九寡九度寡寡也琴錄曰琴曲有蔡氏五弄雙鳳離鸞歸鳳遠送長清短清幽蘭白雪風入松烏夜啼楚明光石上流泉

主稱壽尊客曹子建詩主稱千金壽賓奉萬年酬趙去記曰尊客之前不叱狗

筵秩宴北林詩賓之初筵左右秩秩趙去詩去

鬱彼北林因所宴實在北林故借用也然上有芳宴字令文有宴字公應不緊重必誤也

不阻蓬蓽興傳長虞酬何劭歸身蓬蓽廬蓽荆織門也禮蓽門圭竇趙去蓽官韻注去藩落也謂亭處幽遠故有蓬蓽之興

得兼梁甫吟陸士衡詩齊僮梁甫吟諸葛亮躬耕隴畝好爲梁甫吟盛弘之荆州記鄧城西七里有獨樂山諸葛亮常登此山作梁甫吟杜補遺孔明梁甫吟傳所不載故世莫得而聞唯高齊録載之又二桃事出晏子春秋人亦罕見故并録去步出齊城門遥望蕩陰里里中有三墳纍纍正相似問是誰家墳田疆古冶氏力可排南山文能絶地紀一朝被讒言二桃殺三士誰能爲此謀相國齊晏子李太白梁甫吟亦云力排南山三壯士齊相殺之費二桃蓋謂此也晏子春秋曰景公畜士公孫接田開疆

古冶子三人見晏子不起晏子見公請去之乃餽之二桃令三子計功而食公孫接曰接一搏持豣再搏乳虎若接之功可以食桃而毋與人同矣援桃而起田開疆曰吾杖兵却三軍者再若開疆之功可以食桃而毋與人同矣援桃而起古冶子曰吾甞從軍濟河黿銜左驂以入砥柱之一流冶少不能游潛行逆流百步順流九里得黿而殺左操馬尾右挈黿頭鶴躍而出津若冶之功可以食桃而毋與人同矣二子耻功不逮而自殺冶亦自殺 黃魯直言觀此詩乃小曹公專國殺楊脩孔融荀彧玄武侯躬耕壠畝好爲梁甫吟不知來意所指豈能作此詩時爲究歌之故玄耳乎

玄都壇歌寄元逸人

趙云以公詩語考之玄獨在陰崖白茅屋又云屋前太古玄都壇則壇在子午谷矣又謂

之太古玄都壇則唐以前不知何年有之本朝宋敏求長安志編集爲最詳於子午谷外又載子午鎮子午關子午水而並不載谷中所有古迹名稱故壇無可考

故人昔隱東蒙峯已佩含景蒼精龍語夫顯史

者先王以爲東蒙主以蒙山在東故曰東蒙地理志泰山蒙陰縣 趙云故人字祖出史記范睢傳戀戀有故人之意蒼精龍劒也春秋繁露曰劒佩於左蒼龍之象上著含景字則後漢士孫瑞劒銘有云從革庚辛含景吐商其佩字又以楚詞劉向九歎之怨思篇佩蒼龍之蚴虯兮帶隱虹之逶迤亦挨傍用三字或曰蒼精龍應是符籙名蓋道家有蒼龍精東方甲乙木赤鳳髓南方丙丁火謝玄暉詩含景望芳菲亦

借用含景字故人今居子午谷獨在一作並陰崖

結一作白茅屋王莽傳莽以皇后有子孫瑞通子午道從杜陵直絕南山徑漢中師古曰今京城直南山有谷通梁漢道名子午谷　杜補遺孝順紀罷子午道通褒斜路注子午道平帝時王莽通之三秦記曰子午長安正南山名秦嶺谷名樊川褒斜漢中谷名南谷名褒北谷名斜首尾七百里趙云馬季長長笛賦生終南之陰崖晉潘安西征賦云眺華岳之陰崖鮑照詩有結茅野中宿屋前太

古之都壇青石漠漠常風寒趙云前漢藝文志有云太古以來漢漠者冥茫之皃選有云粳稻漠漠子規夜啼山竹裂

王母晝下雲旗翻離騷載雲旗之逶迤杜正謬云王母鳥名也

以對子規段成式酉陽雜俎云齊郡函山有鳥足青觜赤黃素翼絳顙名王母使者王椿齡齊人也予嘗質之云其毛色如成式所載其尾五色長二三尺許飛則翩翩正如旗狀　趙云子規啼而竹裂言啼之苦也漢書云南山之竹雲旗者神仙之儀衛也離騷云載雲旗之逶迤杜田之說既名爲王母使者豈可獨用王母字而當之且既專出於齊地今元逸人在長安子午谷安得有是鳥詩以元逸人爲仙者則王母降之有是理何必泥以鳥名公於昔游言華蓋君之洞宮有曰王喬下天壇亦以仙家事仿像其如此

知君此計誠長往芝草琅玕日應長後漢逸民論長往之軌未殊庾肩吾蜘蛛玩芝草芝葉正玲瓏十洲記鍾山在北海之子地仙家數十萬耕田種芝草課計頃畝本草青琅玕生蜀郡平澤蘇

業注云琅玕有數種是琉璃之類火齊寶
也琅玕五色具以青者入藥爲勝出嶲州
以西烏白蠻中及于闐國靈異兼圖載琅
玕青色生海中云海底以網掛得之初出
水紅色久而青黑枝柯似珊瑚而上有孔
竅如虫蛀擊之有金石之聲乃與珊瑚相
類禹貢雍州厥貢璆琳琅玕爾雅云西北
之美者有崑崙墟之璆琳琅玕孔安國郭
璞皆以爲石之似珠者而山海經云崑崙
山有琅玕是石之美者明瑩若珠之色而
其狀森植耳　趙云芝草仙藥也
琅玕寶叢也言靈異之地當有之

鐵鏁高垂不可攀致身福地何蕭爽

三秦記云終南太一山左
右三十里内名福地西有石室靈芝魏都
賦玄雲舒蜺以高垂　趙云鐵鏁高垂詩
人亦逆料其如此如綿州彰明縣竇崇山
有二鐵鏁垂於山際傳云竇氏兄弟鍊丹

山上初以鐵鏁架橋度而往既至則斷之以絶往來其後兄弟三人白日仙去又乾州金精山女仙張麗英昇仙之地有鐵鏁下垂然則詩人遊料元逸人之長往亦復然乎劉孝綽詩高枝不可攀王臺新詠於此謂之福地按長安志引關中記云終南太一左右三十里內名福地既言有長往之計則所往之處乃福地地也終南太一正與子午谷玄都壇相屬矣舊注所引語是但誤指爲三秦記耳

今夕行

今夕何夕歲云徂 唐詩綢繆云今夕何夕見此良人韋孟諷諫詩歲月其徂年其逮耆

更長燭明不可孤 宋玉招魂娛酒不廢沉日夜蘭膏明燭華鐙錯 趙云孤乃孤負之孤李陵書陵雖孤恩漢亦負德是也

咸陽客舍一事無趙云梁吳筠詩君不見長安客舍門相與博塞一云賭博爲歡娛說文曰博局戲六箸十二棊古者烏曹作博尹學曰博盡關塞之宜得周通之路說苑曰塞行棋相塞謂之塞也管子曰秋行五政曰一曰秋禁博塞也莊子問穀奚事博塞以游趙云陸德明注莊子引吾丘壽王以善格五待詔謂博塞也馮凌大叫呼五白袒跣不肯成梟盧一作牟招魂曰菎蔽象棊有六博分曹並進遒相迫成梟而牟呼五白晉制犀比費白日宋劉毅於東府聚樗蒲大擲餘人並黑犢以還唯劉裕及毅次擲雉大喜褰衣繞床叫謂同坐曰非不能盧不事此耳裕惡之因投五木久之曰老兄試爲卿答既而四子俱黑其一子轉躍未定裕厲聲喝之即成盧毅意殊不快也

梟勝也倍勝爲牟五白博齒也趙云楚
辭招寃有成梟而牟呼五白其注云五白
五木也梟梟勝也盧勝之名也韓非子載匡
倩對齊宣王之語曰博者貴梟劉毅與劉
裕樗蒲裕厲聲叱五木即成盧又慕容寶
與韓黄李根等樗蒲寶危坐誓之曰世言
樗蒲有神若富貴可期頻得三盧於是三
擲盡盧世說袁彦道代桓温彦道曰卿但
大喚必作采於是呼祖擲必盧雉
二人齊叫敵家頃刻失數百萬

英雄有時亦如此邂逅豈即非良圖

趙云如劉裕
劉毅慕容寶
等皆一世英雄如此蒲博則今夕邂逅相
遇未必非良圖所謂良圖則毅裕以卜成
事寶以卜富貴也

君莫笑劉毅從來布衣願家無儋石輸百萬

良圖敢不良圖也
南史載桓玄聞劉毅
起兵曰毅家無儋石

之儲。摴蒲一擲百萬。共舉大事。何謂無成
前漢蒯通傳。守儋石之儲者。闕卿相之位
應劭曰。齊人名小甖爲儋。石受斛。師古曰
儋都濫反。或曰。儋者一人之所負儋也
杜補遺明帝紀。家靡儋石之儲。注前漢音
義曰。儋丁濫反。言一石之儲。方言作儋云
齊東海岱之間謂之儋。郭璞云所謂家無
儋石之儲者也。埤蒼曰大甖也。或作甔丁
甘切。新添。魏書。華歆
清貧。家無儋石之儲

貧交行

趙云後漢書云貧賤之交不可忘

翻手作雲覆手雨紛紛輕薄何須數 沈休文詩
洛陽繁華子。長安輕薄兒。梁簡文帝詩輕
薄出三河。江淹詩子衿怨勿徃。谷風誚輕
薄。阮籍。平生少年時。輕薄好絃歌。趙云
前漢陸賈謂尉佗曰越殺王降漢如反覆

手耳又晉劉牢之曰豈不知今日取亘元
如反覆手耳嚴助傳越人愚戇輕薄光武
語劉嘉長安輕薄兒誤之**君不見管鮑貧時交此道今**
人棄如土史管仲少時與鮑叔牙游鮑叔終善遇之管仲曰吾始困嘗與
鮑叔賈分財利多自與鮑叔不以我爲貪
知我貧也吾嘗與鮑叔謀事而更窮困鮑
叔不以我爲愚知時有利不利也吾嘗三
仕三見逐於君鮑叔不以我爲不肖知我
不遭時也吾嘗三戰三走鮑叔不以我爲
怯知我有老母也公子糾敗召忽死之吾
幽囚受辱鮑叔不以我爲無恥知我不羞
小節而恥功名不顯於天下也生我者父
母知我者鮑子也鮑叔既進管仲以身下
之不多管仲之賢而多鮑叔能知人　趙
云緩急人所有而以有濟無交友之道也
雲固爲雨矣天油然作雲而後沛然下雨

雲有滃以凄凄而後興雨祈祈則雨之所濟者夂雲氣不待族而雨則雨之所濟者微今一翻一覆手之間而雲遂欲爲雨其俄頃尠少可知所爲不亦輕薄乎管仲與鮑叔賈而獨多分財利鮑叔弗爭則懲夂每每如此豈翻覆手之間爲片雲過雨之霑丐耶翻手作雲覆手雨介父集句詩用對當面論心背面笑竊嘗喜其工也朱博謂議曹曰且持此道歸堯舜君出爲陳說之韓柳卿苔内凡詩此道今巳微

兵車行

春秋有兵車之會語不以兵車管仲之力也王深父云此詩蓋託於漢以刺玄宗

車轔轔馬蕭蕭

秦國風有車轔轔車聲也列女傳衛靈公與夫人夜坐聞車聲轔轔至闕而止夫人曰此遽伯玉也車攻詩蕭蕭馬鳴

行人弓

箭各在腰耶娘妻子走相送塵埃不見咸陽橋趙云此詩直道其事氣質類古樂府故多使俗語如耶耶娘字俗書作爺孃而此詩用耶娘字蓋木蘭歌有不聞耶娘喚女聲黃魯直跋木蘭歌後云杜子美兵車行引此詩推耶娘字所出以知古人用字其與俗書不同皆有所本牽衣頓足欄道哭趙云前漢楊惲報孫會宗書頓足起舞哭聲直上干雲霄孔德璋干青霄而直上蜀都賦干青霄而秀出也道旁過者問行人行人但云點行頻或從十五北防河便至四十西營田去時里正與裹頭里正一里之長歸來頭白還戍邊鮑明遠東武吟少壯辭家

去窮老還入門光武書
曰每一發兵頭須爲白邊庭流血成海水
後漢卧鼓邊庭主父偃傳古之人君一怒
必伏屍流血書血流漂杵揚子川谷流人
之血賈誼過秦論伏屍百萬流血漂鹵武
趙玄選詩有羽檄起邊亭烽火列邊亭
皇開邊意未已嚴助傳武帝好征伐四夷
開置邊郡文選玄選將開
邊班固曰武
帝廣開三邊君不聞漢家山東二百州千
通典周文帝西魏計州二
百十有一隋文帝改州爲
村萬落生荆杞
郡凡郡百九唐天寶初改州爲郡刺史爲
太守大凡都府三百二十有八老子師之
所處荆棘生焉大軍之後必有凶年選阮
嗣宗詩堂上生荆杞蔡琰詩城郭爲山林
庭宇生荆艾王粲從軍城郭生榛棘趙
玄山東者太行山之東也漢史所謂山東

出相杜牧謂山東王不得不王昔言山東即古之晉地今之河北也今言山東則謂太山之東乃古之齊地今之京東路也坡詩於飛狐上黨天下脊之下云削成山東二百郡乃言河北矣引通典置天下州郡誤矣縱有健婦把鋤犂禾生隴畝無東西趙云古詩隴西行健婦持門户勝一大丈夫王仲宣從軍詩不能效沮溺相隨把鋤犂況復秦兵耐苦戰被驅不異犬與雞史記秦人勇於攻戰漢趙充國傳土地寒苦漢馬不能冬屯兵在武威張掖酒泉萬騎以上皆多羸瘦師古曰能讀曰耐長者雖有問役夫敢伸恨文元年傳江芊怒曰呼役夫賤者之稱孟子徐行後長者且如今年冬未休關一作隴西卒一云役天

心益憤如今縱得休休爲隴西卒**縣官急索租**霍光傳縣官天子也宣元六王傳不敢指斥天子故謂之縣官嚴助傳租稅之收足以給乘輿之御前志衣食仰給縣官**租稅從何出信知生男惡反是生女好生女猶是嫁比鄰生男埋沒隨百草**王粲詩萬里猶比鄰趙云比鄰乃曹子建詩舊引爲王粲誤矣又陳琳云生男愼莫舉生女哺用脯杜公以役夫之苦故云生男惡白居易以楊妃恩寵之隆則曰遂令天下父母心不重生男重生女詩人興致各有所主史記衛皇后傳生男無喜生女無怒前漢孫寶傳祭竈請比鄰**君不見青海頭**哥舒翰傳築神威軍於青海上吐蕃至攻破之趙云時有事于吐蕃乃青海之地哥舒翰所立功

之處也古來白骨無人收蔡文姬詩白骨不知誰縱橫莫覆蓋王粲詩白骨平原滿趙云公言古來者蓋託之以興也左傳吾收爾骨焉新

鬼煩寃舊鬼哭天陰雨濕聲一作悲啾啾文二年傳吾見新鬼大故鬼小王元長策秀才云肺石少不寃之民棘林多夜哭之鬼九歌云猨啾啾兮狖夜鳴劉安蟪蛄鳴兮啾啾杜云陳寵爲廣漢太守先是洛陽城南每陰雨常有哭聲寵聞而疑其故使吏按行問還言世亂時此地多死亡者而骸骨不得葬寵盡收葬之自是哭聲遂絕趙云閑居賦管啾啾而並吹

高都護驄馬行前漢鄭吉爲衛司馬使護鄯善以西南道吉既破車師降日逐威震西域遂并護車師以西北道故

號都護都護之置自吉始焉師古曰都護南北二道故謂之都都猶大也
唐安西郡東至焉耆鎮去交河郡七百里南隣吐蕃西連疏勒去葱嶺七百里北拒突厥貞觀中初置安西都護府於西州顯慶中移於龜茲城

安西都護胡青驄聲價欻然來向東顏延年赭白馬賦聲價隆振又曰欻聳躍以鴻驚漢樂志太初四年獲宛馬歌曰天馬來歷無草徑千里循東道注馬從西而來東也趙云欻音許勿反有所吹起貞左太冲曰何爲欻來游也言自西來東若吹而來也此馬臨陣久無敵與人一心成大功趙云顏延年賦婉柔心而待御慶鄭諫晉侯曰古者大事必乘其產生其水土而知人心今乘異產將與人易功成惠養隨

四八六 杜工部 卷六 刻文

所致飄飄一作飆風遠自流沙至顏延年賦願終惠養蔭本枝兮天馬歌天馬徠從西極涉流沙九夷服雄姿未受伏櫪恩顏延年賦雄姿以奉引傳玄鷹賦雄資邈代逸氣橫生魏武樂府曰老驥伏櫪志在千里梁元帝謝馬啓矧伊伏櫪彌結懷恩猛氣猶思戰場利傳玄鷹賦六離猛氣文隋魏彥深賦資五方之猛氣腕促蹄高如踣鐵交河幾蹴曾冰裂唐安西去交河郡七百里顏延年賦經玄蹄而雹散歷素支而冰裂神異經蹄之如汗腕可握趙云曾音層是冰之名東方朔神異記曰北方有曾冰萬里厚百丈有鼷鼠在冰下焉謝靈運苦寒行曰峩峩曾冰食紛紛霰雪落今公言交河西邊之地有曾積之冰馬幾度蹴踏之而破裂舊注却引顏

賦非是在馬使蹴字出宋書何偃對劉瑀
何不著鞭使致千里之間曰一蹴青雲何
至與駑馬爭路此所謂
公詩無一字無來處矣**五花散作雲滿身**
趙云言馬之貴公又天
曰箇箇五花文是也**萬里方看汗流血**馬
歌體容與兮逝萬里又曰霑赤汗沫流赭
顏延年賦曰膺門沫赭汗溝走血應劭曰
大宛馬汗血霑濡也戰國策白汗交流
趙云周穆王傳驊騮騄耳曰馳三萬里**長**
安壯兒不敢騎走過掣電傾城知沈休文詩曰長
安輕薄兒晉傅玄詩童女掣電策童兒挽
雷車李延年詩一顧傾人城趙云上句
以善高都護之獨能騎也下句言馬之**青**
行如電舉國皆知舊引傅玄詩非是
絲絡頭爲君老何由却出橫門道梁簡文帝紫騮

馬詩青絲縣玉鐙又云宛轉青絲鞚莊子穿牛鼻絡馬首趙云鮑照詩驄馬金絡頭也馬展効在於壹戰則雖被青絲之飾以老不若出橫門以致功也此與前所謂猶思戰場利之意相爲終始漢宮殿名曰長安有橫門又成帝紀注三輔黃圖云橫門北面西頭第一門橫音光其字從木非縱横之横也

天育驃騎歌 天育馬廐名驃毗召匹召切馬黃白色也

吾聞天子之馬走千里今之畫圖無乃是 荀子騏驥一日千里漢文帝却千里馬神異經曰西南大宛有良馬日行千里至日中而汗血 趙云荀勗所上穆天子傳天子之馬走千里勝人猛獸蓋所謂八駿者是也今張景順畫圖無乃是穆天子之馬乎

是何意態雄且傑

駿尾蕭梢朔風起 選詩朔風動秋草邊馬有歸心 趙作駿尾以舊本非是神異經載大宛馬鬣至膝尾委於地則駿尾之長者蕭梢搖動可起朔風言朔風最慘烈者舊注引非是

毛爲綠縹兩耳黃眼有紫焰雙瞳方 縹普沼反青黃色也史騄垂兩耳秦本紀周穆王得騄耳之駟相馬經曰馬眼欲紫艷光口中欲赤色頦延年賦雙瞳夾鏡兩權協月 杜補遺李善注赭白馬賦云相馬經曰目成人者行千里注成人者謂視童子中人頭足皆見言目中清明如鏡或云兩目間夾旋毛爲鏡

矯矯龍性合變化 嵩高詩四牡矯矯顏延年賦龍性誰能馴

卓立天骨森開張 趙云蔡邕作庾侯碑曰英風發於天骨袁彥伯作三國名臣贊其言崔生曰天骨疎朗李

言人而今借用耳

伊昔太僕張景順監一作考牧收駒一云考牧攻駒閱清峻周穆王置太僕正以伯冏爲之掌輿馬唐龍朔二年改太僕爲司馭咸亨初復舊光宅年改爲司僕神龍初復舊天下監牧置八使五十六監唐兵志監牧所以蕃馬也領以太僕初用太僕少卿張萬歲字景順群牧自貞觀至麟德四十年間馬六十萬六千置八方岐豳涇寧間地廣千里廐牧令諸牧牧馬四歲游牝五歲責課一百四每年課駒六十其二十歲以上不在課限趙云太僕官名唐兵志云監牧之制其官領以太僕今公詩所謂太僕張景順自是開元時太僕姓張名景順者也舊注便差排作張萬歲字景順誤學者矣萬歲爲太僕自是貞觀時人今按張說作開元十三年隴右監牧頌德之碑序云元年牧馬二

十四萬匹十三年乃四十三萬匹上顧謂太僕少卿兼秦州都督監牧都副使張景順曰吾馬幾何其蕃育卿之力也對曰帝之力也仲之令也臣何力之有其須曰有霍公之掌政擇張氏之舊令霍公王毛仲也張氏景順也考牧攻駒一本作監牧收駒非是馬亦貴清潔峭峻若俗馬多肉非所謂清峻矣

遂令大奴守天育別養驥子憐神俊

宋顏延年天馬狀曰降靈驥子九方文選梁元帝荅齊國驥馬書曰價匹龍媒聲齊驥子周王褒謝賚馬啓曰古時伯樂偏愛權奇晉世桑門時求神俊世說支遁常養數馬曰或言道人亦畜馬曰貧道重其神駿耳趙云大奴王毛仲也毛仲高麗人父坐事没爲官奴唐兵志云毛仲領内外閑廐所謂天育必廐名矣大奴之稱公直犯毛仲之所諱而言蓋亦欲因詩而

著爲史矣亦猶言李輔國而曰關中小兒壞紀綱謂其以閹奴爲閑廐小兒故也

當時四十萬匹馬張公歎其材盡下

通典貞觀初僅有牡牝三千匹從赤岸澤徙之隴右十五年始令太僕卿句當羣牧至麟德四十年間馬至七十萬六千匹置八使領九監跨蘭渭秦原四州之地猶爲隘狹更折八監布於河西其時天下以一縑易一馬儀鳳三年少卿李思文檢校隴右諸牧監方稱使爾後或戎狄外侵牧圉乖散洎乎垂拱潛耗太半開元初牧馬二十四萬匹十三年加至四十五萬匹莊子云臣之子皆下才也　至趙云材下字蕭望之云身材下不任職趙充國云材下犬馬齒衰雖皆在人言之馬亦可用舊引是三才之才非此

故獨寫眞傳世人見之座右久更新

趙云

崔子玉有座右銘年多物化空形影嗚呼健步無由騁趙云莊子曰此之謂物化如今豈無騕褭與驊騮時無王良伯樂死即休曾國黃伯仁為龍馬頌曰踰騕褭之體勢逸飛兔之高蹤兼騏驥之美質遠驊騮之足雙秦本紀造父以善御幸於周穆王得驥溫驪驊騮騄耳之駟西巡狩樂而忘歸郭璞曰色如華而赤今名馬騕赤者為東騮騮馬赤色徐廣曰赤馬黑毛曰騮戰國策曰汗明見春申君曰夫驥之齒長服鹽車而上太行漉汗洒地白汗交流中坂遷延負轅不能上伯樂遭之下車攀而哭之解紵衣以冪之驥於是俛而噴仰見伯樂之知已也漢書音義騕褭者神馬也赤喙黑身與飛兔同以明君有德則至也又出瑞應圖薦禰衡表云飛兔騕褭絕足奔

故良樂之所急也趙云韓退之有言曰世有伯樂然後有千里馬千里馬常有而伯樂不常有此乃豈無騕褭騄驪而時無良樂之謂公因題畫已死之驃故起末句死即休之意亦猶人抱出羣之材而不遇知己以死為可嗟矣

白絲行

繰絲須長不須白越羅蜀錦金粟尺禮記夫人繅三盆魏文帝詔羣臣曰前後每得蜀錦殊不相似　趙云須長不須白以絲為羅與錦則有五色之章焉且以之為舞衣則須長以足用不必白而後受采也越羅蜀錦天下之奇紋也金粟尺言邊幅尺度之足也尺以金粟飾之富貴家之物也何遜詩云金粟裹搔頭象牀玉手亂殷紅萬草千花動

凝碧 孟嘗君至楚獻象牀直千金公孫成諫令勿受乃止　趙云此兩句是對而讀者弗覺也亂殷紅對動凝碧凡文士可到至用象牀玉手對萬草千花不以數對數非大手段莫能也殷音烏閑切韻書云黑赤色也左傳曰左輪朱殷殷紅必是錦羅之色下言裁舞衣以殷紅羅錦爲之必矣下有隨時染之語則殷紅豈當時之名耶皇太子變童篇玉手作攀花何子朗古意新花花映玉手越羅蜀錦其積在象牀之多玉手擇取則殷紅之段相亂矣萬草千花則言羅錦上之繁紋也李暇古怨詩碧玉上宮妓出入千花林當時禁苑有凝碧池一曰臨碧池池四旁必多花草今言動羅錦上之花草如動凝碧池焉

已悲素質隨時染 一作改

裂下鳴機色相射 漢紀童子魏照謂郭泰曰欲以素絲之質附近

朱藍墨子悲絲謂其可以黃可以黑古詩纖纖擢素手扎扎弄機杼趙云素質既染則織爲羅錦故曰顏色相射鮑照繰絲復鳴機

美人細意熨貼平裁縫滅盡針線跡趙云盧思道擣衣詩閨裏裁縫須及早喬知道從軍行云曲房理針線平砧擣交練戰國策蘇秦曰多割楚以滅迹

春天衣著爲君舞蛺蝶飛來黃鸝語趙云鮑照白紵歌云催絃急管爲君舞蛺蝶以況舞之輕黃鸝以況歌之好矣

落絮遊絲亦有情隨風照日宜趙作同輕舉前漢郊祀志遙興輕舉趙云曹子建七啓長袖隨風庾肩吾曰桃紅柳絮白照日復隨風薛德音悼亡云晝梁纔照日銀燭已隨風陸士衡前緩聲歌云輕舉乘紫霞宜輕舉作同輕舉蓋絮絲

之有情亦若同美人之舞也**香汗清塵汙顏色**一作香汗清塵似微汗一作香汗清塵似顏色古詩微風起兩袖輕汗染雙題又云裁用笥中刀縫爲萬里衣　趙云陳梁雜歌詩云朱顏潤紅粉香汗沾玉色清塵或作輕非是當以清爲正古詩空牀委清塵**開新合故置何**一作相**許**古詩云新人工織縑故人工織素織縑日一疋織素五丈餘以縑持比素新人不如故　趙云阮籍云良辰在何許謂故而合之以言人情之喜新開新而合故不着將於甚處置之歎其必委弃也崔輔國詩云妾有羅衣裳秦王在時作爲舞春風多秋來不堪着新而用之故而弃之凡詩人興致如此**君不見才士汲引難恐懼弃捐忽羈旅**郭泰機荅傅咸詩皎皎白素絲織爲寒女衣寒

女雖妙巧不得秉杼機天寒知運速況復鴈南飛衣工秉刀尺棄我忽若遺人不取諸身世事焉所希況復已朝飧曷由知我飢趙玄呂相絕秦文公恐懼班婕妤怨歌行云弃捐篋笥中恩情中道絕左傳陳敬仲曰羈旅之臣注羈寄也此結一篇之意夫絲繰之難染之難爲羅與錦織之又難縫爲舞衣針線之功又難不猶才士汲引之難乎一旦而弃之故爲才士者與其既用而弃不若甘心忍受於羈旅之未用耳

秋雨歎三首

雨中百草秋爛死堦下決明顏色鮮杜補遺神農本草決明子生龍門川澤久服益精光輕身與石決明同功皆主明目故有決明

之名藥性論云利五臟常可作菜食之又除肝家熱圖經云今處處有之人家園圃所蒔夏初生苗根帶紫色葉似苜蓿而大七月有花黃白色其子作穗如青菉豆而鋭按爾雅薢茩英光釋曰藥草決明也郭璞注云葉黃鋭赤華關西謂之薢茩與此種不類 趙云百草以秋而又雨則爛死也宜矣而決明方以鮮明之色黃花翠葉而獨榮以譬君子在患難之中而獨立之譬也 **著葉滿枝翠羽蓋** 師云張平子東京賦樹翠羽之高蓋 **開花無數黃金錢** 師云此詩傷特立獨行之君子不得時也按本草決明夏花秋生子花赤與杜所稱不同時今時有金錢花與菊相類多生於秋雨中俗謂之滴漏花杜豈本此耶 **涼風蕭蕭吹汝急恐汝後時難獨立** 趙云念涼風之吹急恐獨

立之後時乃詩人憂傷之意也荆軻風蕭蕭兮易水寒

堂上書生空白頭莊子曰魯侯讀書堂上**臨風三嗅馨香泣**語子路共之三嗅而作嗅香而泣傷已之不見用而無救於時也趙云孔子歎山雌之得時所以傷已之不遇至於子路共之三嗅而作則亦傷之而不苟食故也今也臨風三嗅則亦傷其徒馨之意

右一

闌風伏一作長**雨**一云東風細雨楚辭光風泛崇蘭伏三伏也**秋紛紛**趙云闕冊之風沈伏之雨言其風雨之不已也闌如謝靈運闌暑之闌伏如左傳夏無伏陰之伏其久可知也舊注非是**四海**一云萬里**八荒**同

一雲一作萬里同一雲詩上天同雲雨雪紛紛趙云莊子遠在八荒之外蓋
八荒又在四海之外一本作四海萬里則
聲律不穩而萬里字却小矣師古楚詞
九章曰雲霏霏而承宇王逸注曰使人並
進藹滿朝廷也按離騷風言號令雨言德澤
雲言障蔽今萬里
同見陰小盛也去馬來牛不復辨濁涇
清渭何當分莊子秋水至百川灌河涇流之大兩涘渚涯之間不辨牛
馬趙云於馬曰去於牛曰來此正左氏
風馬牛不相及之義蓋馬趨逆風牛趨順
風故爾以多雨而水漲岸遠所以不辨濁
涇清渭鮑照學阮步兵體云涇渭分清濁
視彼谷風詩又鮑照賣玉器者詩有云涇
渭不可雜珉王當早分西征賦濁涇清渭
漢史曰涇水一石其泥數斗關中記曰涇
入渭合流三百里清濁不相雜則涇與渭

之清濁固自分辨而多兩混之爾**木**一作禾**頭生耳黍穗黑**

農夫田父無消息趙去唐俚語云春雨甲子赤地千里夏雨甲子乘船入市秋雨甲子木頭生耳出朝野僉載一本作禾頭非蓋禾無生耳者木頭生耳則稘是已黍穗黑則壞爛矣故農夫無所望也詩云食我農夫嗟我農夫選有邑老田父薛道衡應詔詩一去無消息**城中斗米換衾裯相許**

寧論兩相直天寶末外窮兵夷狄內盡力宮室役使繁興民不得休息此詩所以刺也師云唐舊史開元中米斗數錢讀此詩則可以論其世矣詩肅肅宵征抱衾與裯

右二

長安布衣誰比數反鏁衡門守環堵陳風衡門之下可以棲遲注衡門橫木爲門言淺陋也儒行儒有一畝之宫環堵之室環堵面一堵也五版爲堵五堵爲雉張景陽詩環堵自頹毀垣閭不隱形莊子讓王篇原憲居曾環堵之室韋玄成傳使得自安衡門之下師古曰衡門謂橫一木於門上貧者之所居也陶潛環堵蕭然不蔽風日趙云黃歇曰太子不歸則咸陽一布衣耳晉諸葛長民曰今日欲爲丹徒布衣不可得也老夫不出長蓬蒿莊子庚桑楚篇鑿垣牆而殖蓬蒿昭十六年傳斬艾蓬蒿藜藋而共處之月令藜莠蓬蒿並興江淹詩顧念張仲蔚蓬蒿滿中園趙岐三輔決録注曰張仲蔚隱身不仕所居蓬蒿没人稚子無憂走一作奏風雨聲颼颼

催早寒胡鴈翅濕高飛難古詩願爲雙鴻鵠奮翅起高飛
秋來未省見白日泥汚后一作厚土何時乾宋玉九辯皇天淫溢而秋霖兮后土何時而得乾此詩刺賢者退處而民漸溺於塗炭也

右三

歎庭前甘菊花此詩譏小人在位賢人失所也

簷一作庭前甘菊移時晚青蘂重陽不堪摘明日蕭條盡醉醒殘花爛熳開何益籬邊野外多衆芳采擷細瑣升中堂茉莒薄言采之薄言擷之趙云宋玉風賦蕭條衆芳劉楨贈中郎將萬舞在中堂此詩刺餘子碌碌皆

得貴近而出類者廢爾

念茲空長大枝葉結根失所埋風霜古詩結根太山阿　趙云書念茲在茲漢班彪曰本根既微枝葉彊大蓋言徒枝葉扶疏如人文采之秀發而託根不得地反為風霜所埋也

醉時歌贈廣文館博士鄭虔按新唐書鄭虔鄭州滎陽人天寶初為協律郎

諸公袞袞登臺一作華省袞袞言相繼而登贒不肖無所辨也裴逸民敘前言往行袞袞可知趙云王濟云張華說漢史袞袞可聽廣文先生官獨冷國子監置廣文館博士四人助教二人並以文士為之領生徒為進士者天寶九年置　趙云唐人以祠部無事謂之氷廳氷音去聲趙璘云

言其清且冷也也

甲第紛紛厭梁肉廣文先生飯不足

按本傳虔坐謫私撰國史十年還京師玄宗愛其才欲置左右以不事事更爲置廣文館以虔爲博士虔聞命不知廣文曹司何在詣宰相宰相曰上增國學置廣文以居賢者令後世言廣文博士自君始不亦美乎虔乃就職久之雨壞廡舍有司不復脩完寓治國子館自是遂廢在官貧約澹如也陸士衡擬古詩甲第椒與蘭又甲第崇高闥虞子陽詩甲第始脩營謂第一宅也晉書傳咸曰今之賈豎皆厭梁肉田蚡治宅甲諸第夏侯嬰傳賜嬰北第第一師古曰北第者近北闕之第嬰最第一也故張衡西京賦曰北闕甲第當道直啓前漢朱邑傳飢者甘糟糠穰歲餘梁肉此詩傷時多無功而受祿

先生有道出羲皇先生有才

一作文一作所談

過屈宋 趙云陶潛自謂羲皇上人杜審言嘗云吾文當得屈宋作衙官也

德尊一代常坎軻 古詩坎軻常苦辛 趙云楚詞七諫云年既過半百兮愁轗軻而滯留王臺新詠載宋孝武作丁都護歌云坎軻戍途間何由見子歡孟子天下有達尊三爵一齒一德一

名垂萬古知何用 趙云亦張翰不用身後名之意

杜陵野客人更嗤 後漢杜陵屬京兆杜預曰古唐杜氏老子被褐

被褐短窄鬢如絲 懷寶陶淵明詩被褐欣自得屢空常晏如趙云地名杜陵起於漢地理志云故杜伯國宣帝更名有周右將軍杜主祠四所

日糴太倉五升米 薛云按前漢東方朔傳無令但索長安米史記八書太倉之粟紅腐不可食陶淵明曰不

能爲五斗米折腰時赴鄭老同衾一作襟期趙云同襟一作同衾非是同衾卻嫌於涉夫婦兄弟事矣曹植閑居賦云願同衾於寒女則夫婦之同衾也文贈白馬王彪詩曰何必同衾幬然後展慇懃則兄弟之同衾也同襟則江淹傷友人賦云固齊術而共徑豈異袖而同襟蓋言氣味之同也得錢即相覓沽酒不復疑忘形到爾汝痛飲真吾師文士傳禰衡有逸才與孔融作爾汝交時衡年二十餘融年已五十趙云左傳子產不毀鄉校曰其所善者吾則行之其所惡者吾則改之是吾師也羊祜亦曰蹤廣是吾師也清夜沉沉動春酌燈一作簷前細雨簷一作燈花落趙云曹子建公讌詩清夜游西園鮑照夜坐吟云冬夜沉

沉夜坐吟劉邈雜詩曰簷花初照月洞户未垂帷又沈如筠雜怨詩云簷花花坐蒙羃孤帳日愁寂李暇擬古歌云簷花照月鶯對棲空留可憐暗中啼徐侍中爲人贈婦詩云俱看依井蝶共取落簷花簷花近乎簷邊之花也學者不知所出或以簷雨之細如花或遂以簷花爲簷雨之名故特爲詳之

但覺高歌有鬼神

焉知餓死填溝壑 昭十三年傳擠于溝壑左太冲詠史詩當其未遇時憂其填溝壑汲黯傳臣自以爲填溝壑趙云選有抗音高歌後漢公孫述傳政事修理郡中謂有鬼神列女傳梁高行曰妾夫不幸早死先狗馬填溝壑又趙左師觸龍薦其子曰願及未填溝壑而託之

相如逸才親滌器 司馬相如傳文君奔相如俱之臨邛盡賣車騎買酒舍乃令文君當壚相如身着犢鼻褌

與庸保雜作滌器於市中師古曰滌洒也器食器也賤役也

子雲識字

終投閣

楊雄傳王莽時劉歆甄豐皆爲上公莽既以符命自立即位之後欲絕其原以神前事而豐子尋歆子棻復獻之莽誅豐父子投棻四裔辭所連及便收不請時雄校書天祿閣上治獄使者來欲收雄雄恐不能自免迺從閣上自投下幾死莽聞之曰雄素不與事何故在此間請問其故迺劉棻嘗從雄學作奇字雄不知情有詔勿問然京師爲之語曰惟寂寞自投閣　趙云漢史辭莫麗於相如故公言逸才楊雄能作奇字故公言識字世說稱衡有逸才陸士衡辨亡論云長沙威王逸才命世任昉述異記載蒼頡墓在北海呼爲藏書臺周人當時莫識其書遂藏之書府至秦時李斯識八字云上天作命皇辟迭王至叔孫通識十二字此所謂識字言

識古字也揚雄之作奇字顔師古注云文之異者即此之謂矣

先生早賦歸去來石田茅屋荒蒼苔

陶潛爲彭澤令是時郡遣督郵至吏白當東帶見督郵潛乃嘆曰我不能爲五斗米折腰向鄉里小兒乃自解印綬將歸田里命篇曰歸去來　趙云石田茅屋言石田上所結茅屋左傳曰猶獲石田也無所用之後漢王霸隱居止茅屋淮南子曰窮谷之汙生以蒼苔

儒術於我何有哉孔丘盜跖俱塵埃

莊子帝力何有於我哉趙云荀子曰儒術行天下富論語何有於我哉莊子自云何加於我哉舊注改加字非是丘跖俱塵埃意做伯夷死名於首陽之上盜跖死利於東陵之下其於殘生傷性均也

不須聞此意慘愴生前相遇且銜杯

古之

賢者不遇全身於醉者衆矣故此詩末章皆寓意於酒而又以醉名篇　趙云王仲宣四言詩慘愴增歎劉伶云衛杯漱醪陸士衡苦寒行云慘愴常鮮歡

醉歌行　別從姪勸落第歸

陸機二十作文賦汝更小年能綴文　晉陸機字士衡作文賦序云作文賦以述先士之盛藻論作文之利害趙云班固漢書贊曰自孔子後綴文之士衆矣

總角草書又神速世上兒子徒紛紛　詩甫田總角丱兮三十國春秋封秀總角知名衛玠總角乘牛車入市　趙云草書以遲為工所謂怱怱不及草書是也以速為神所謂一筆變化書是也

驊騮作駒已汗血鷙鳥舉翮連青雲　汗血

事見上汪薦禰衡䟽鷙鳥累百不如一鶚

詞源倒流三峽水

海賦吹嘘則百川倒流枚叔七發曰江水逆流海水上潮　杜補遺隋藝文傳曰筆有餘力詞無竭源荊州記曰巴陵楚地有三峽程記曰三峽者即明月峽巫山峽廣澤峽其瞿唐灩澦之類不係三峽之數倒流三峽水謂詞源壯健可以衝激三峽之水使之倒流也

筆陣獨掃千人軍

杜補遺王羲之筆陣圖云紙者陣也筆者刀矟也墨者鍪甲也硯者城池也本領者將軍也心意者副將掃千人軍謂用筆之快利也　趙云驊騮鷙鳥比其才之俊詞源筆陣言其文之敏海賦有吹滂則百川倒流舊汪誤以滂字爲嘘葢水之衝激則有倒流者矣

只今年纔

十六七射策君門期第一

前漢蕭望之以射策甲科爲郎

師古曰射策者謂爲問難疑義書之於策量其大小署爲甲乙之科列而置之不使彰顯有欲射者隨其所取得而釋之以知優劣射之言投射也對策者顯問以政事經義令各對之而觀其文辭定高下也後漢劉淑五府辟不就帝輿詣京師不得已而對策第一

舊穿楊葉眞自知

史周本紀蘇厲說白起曰楚有養由基者善射者也去柳葉百步而射之百發而百中左右觀者數千人皆曰善射有一夫立其旁曰可教射矣養由基怒釋弓搤劍曰客安能教我射乎客曰非吾能教子支左詘右也夫去柳葉百步而射之百發百中不以善息少焉氣衰力倦弓撥矢鉤一發不中者百發盡廢枚乘諫吳王書曰養由基楚之善射者去楊葉百步而發百中楊葉之大加百中焉可謂善射矣然其所止乃百步之內耳比於臣乘未知操

弓持矢也劉向說苑亦云**暫蹶霜蹄未爲失**莊子馬蹄可以踐霜雪王褒聖主得賢臣頌過都越國蹶如歷塊**偶然擢秀非難取****會是排風有毛質**趙曰上句言科舉一日之長褰擢英秀亦偶然爾既偶然擢之非難取也而從姪之不中第何哉然會當是排擊風雲蓋以其終有連雲之毛質焉此慰唁之且復有所譏誚也鮑明遠與妹書言水族之狀有曰浴雨排風此詩好處上言駒汗血下言暫蹶霜蹄上言驚翮連雲下言毛質排風皆意義相應此學詩者不可不知也**汝身已見唾成珠**莊子秋水篇蚿謂夔曰子見夫唾者乎噴則大者如珠杜補遺後漢趙壹歌曰勢家多所宜咳唾自成珠被褐懷金玉蘭蕙化爲芻趙云杜田引乃是成珠璣非唾成珠也此自出

五、四十

選詩咳唾自成珠、公詩意言開口成文如珠舊注非是**汝伯何由鬢如漆**師陳、張麗華髮鬢黑如漆**春光淡沲秦東亭渚蒲牙白水荇青**梁江淹、石上菖蒲詩、發步遲汀渚、詩、參差荇菜釋云荇接余也、陸機云浮在水上、根在水底、梁簡文帝晚春詩渚蒲變新節、杜補遺本草圖經、水萍爾雅謂之苹、其大者曰蘋、周詩于以采蘋陸機云、海中浮萍麁大者謂之蘋蘇恭云此有三種、大者蘋中者荇菜、小者水上浮萍即溝渠閒生者是鳧葵菜也爾雅荇謂之接余、其葉謂之符郭璞以謂叢生水中葉圓在莖端、長短隨水淺深荅即荇也、趙云鮑照詩、春風淡蕩俠思多沲音待可切蒲有牙而白、荇在水而青此春時也、指秦東亭景物而言耳舊注引非是杜又引詩本草冗矣、盧思道云、綠葉參差映水荇風吹客衣日杲杲樹攪離思花冥冥衛詩杲杲出日楚詞雷填填兮雨冥冥酒盡沙頭雙玉瓶衆賓皆醉我獨醒屈原曰舉世皆濁惟我獨清衆人皆醉惟我獨醒乃知貧賤別更苦吞聲躑躅涕淚零古詩泣涕零如雨又沉吟聊躑躅行不進貌陸士衡擬古詩沉思鍾萬里躑躅獨吟歎又云躑躅再三歎又云躑躅遵林渚宋鮑照行路難云心非木石豈無感吞聲躑躅不敢言

贈衛八處士

人生不相見動如參與商見前送高書記詩注今夕復何夕共此燈燭光一云共宿此燈光今夕見上注　道云廣

絶交論云冀宵燭之末光少壯能幾時鬢髮各已蒼漢武帝秋風辭少壯幾時兮奈何陶淵明歸去來寓形宇宙兮復幾時訪舊半爲鬼驚呼熱中腸魏文帝與吳質書曰昔年疾疫親故多罹其災觀其姓名已爲鬼録趙云阮籍詩容好結中腸師云孟子仕則慕君不得於君則熱中注云熱中心熱恐懼也焉知二十載重上君子堂趙云王仲宣詩高會君子堂昔別君未婚兒女忽成行怡然敬父執問我來何方曲禮見父之執趙云謝玄暉云問我勞何事問荅乃未已兒女一作驅兒羅酒漿詩可以挹酒漿夜雨剪春韭新炊間黄粱杜補遺周顒隱鍾山

王儉謂曰山中所食何者最勝曰春初早韭秋末晚菘宋王招蒐云稻粱穱麥挐黃粱陶隱居云黃粱本出青冀穗大毛長殼米俱麄於白粱襄陽竹根粱是也食之比他穀最益脾胃

主稱會面難張平子賦主稱露未晞曹子建詩主稱千金壽古詩會面安可知

一舉累十觴十觴亦不醉感子故意長明日隔山岳世事兩茫茫曹顏遠詩舉觴詠露斯趙云劉琨云舉觴對膝鮑照詠史身世兩相棄

苦雨奉寄隴西公兼呈王徵士

隴西公即漢中王瑀徵士瑯琊王徹

今秋乃淫雨月令季春行秋令則天多沉陰淫雨早降注九月多陰淫

霖也雨三日以往爲霖**仲月來寒風**趙云此雖古詩而多對字眼相次若近體選詩空房來悲風又玉宇來清風**羣木水光下萬象**一作萬家**雲氣中**唐中宗二年三月洛城東七里許地色如水側近樹木往來車馬皆歷歷影見水中經月餘乃滅趙云此盛言苦雨之狀舊注引中宗時事疑誤後學莊子乘雲氣**所思礙行潦九里信不通**詩洞酌酌彼行潦流潦也疏云行者道也潦者雨水也行道上雨水流聚故云行潦傳云行潦之水也趙云張平子四愁詩我所思兮**悄悄素滻路**潘岳西征賦玄灞素滻唐天寶元年命陝郡太守韋堅引滻水開廣運漕悄悄言行旅不通貌師云詩憂心悄悄**迢迢天漢東**古詩迢迢牽牛星言有所睛杜補

遺河圖括地象曰河精上爲天漢隋文志曰天津九星不備關梁道不通晉志曰天津橫天河中一曰天漢蓋子美以久雨路阻雖素瀍之近若在天漢之東也後世京都之橋多以天漢爲名 師云詩維天有漢監亦有光天漢銀河也 趙云天漢則中渭橋之所長安志於中渭橋引三輔黃圖曰渭水貫都以象天漢橋南渡以法牽牛是也西征賦云北有清渭濁涇按長安志瀍水在縣東北流四十里入渭如此則瀍雖在南渭雖在北要之皆長安水且相通矣 杜補遺引非是庾肩吾經禹廟詩曰起吳山北星臨天漢東似言天上之漢公特用其字

顧騰六尺馬一作駒背若孤征鴻周禮凡馬八尺以上爲龍七尺以上爲騋六尺爲馬 趙云鴻鵠高飛遠舉之物謂之孤征鴻蓋以其羣飛則意猶詳緩孤飛則欲

逐伴而急矣**劃見公**一作君**子面超然懽笑**同劃忽麥切注云鉎刀曰劃鮑照詩有劃期字言約相見之期也老子雖有榮觀燕處超然

奮飛既胡越詩不能奮飛古詩胡馬依北風越鳥巢南枝趙云言如胡與越之隔也淮南子自異者視之肝膽胡越王粲云胡越之異區舊注引非是

局促傷樊籠古詩蟋蟀傷局促莊子澤雉不蘄畜乎樊中所以籠雉也杜補遺南史陽休之不樂煩職典選久ヨ此官寔時清華但妨吾賞眞是樊籠矣趙云漢景帝云局促如轅下駒

一飯四五起憑軒心力窮周公一飯三吐哺江文通雜體詩憑軒詠堯老此言思見君子而不可得也趙云一飯四五起亦劉公幹一日三四遷之勢也檻板謂之軒王粲登樓賦憑軒檻

以遥望**嘉蔬沒溷濁**郭景純江賦播匪藝之芒種挺自然之嘉蔬宋王風賦駭溷濁揚腐餘屈平卜居云俗溷濁而不清騷又大溷濁而嫉賢嘉蔬注蔬菜也師云禮稻曰嘉蔬按子美園官送菜詩并序皆以嘉蔬爲菜趙云張載登白菟樓詩原隰殖嘉蔬**時菊碎榛叢**嘉蔬時菊刺賢者爲群小所掩翳也潘安仁時菊耀巖阿趙云謝玄暉贈西府同僚去時菊委嚴霜時菊以譬賢人惟苦雨故沒溷濁碎榛叢乃時政煩苛之譬舊注非是**鷹隼亦屈猛**張華鷦鷯賦蒼鷹鷙而受紲屈猛志以服養嫉尸祿也**烏鳶何所蒙**趙云鷹隼以苦雨猶屈其猛而不能奮飛況瑣瑣如烏鳶何所蒙賴乎此方是言君子小人皆不得其所也**式瞻北鄰居取適南巷翁掛**

席釣川張焉知清興終言賢者安於退處謝鹽運揚帆采石華掛席拾海月趙太晉書太不如式贍儀度木玄虛海賦掛帆席意言隴西公王微士既不見矣姑近取北鄰南巷之人而與游也末句乃其所以游矣

同諸公登慈恩寺塔

公自注太時高適薛據先有此作李肇國史補進士既捷列名於慈恩寺塔謂之題名貞元中劉太眞侍郎試慈恩寺望杏園花詩兩京新記西京外郭城朱雀街東第三街皇城東之第一街進業坊慈恩寺隋無漏寺之故地武德初廢貞觀二十年高宗在春宮爲文德皇后所立故以慈恩爲名

高躋蒼天師左太冲蜀都賦陽烏迴翼乎高標注云言山木之高也

趙云舉標甚高孫綽天台山賦曰赤城
霞起而建標李善注云立物以爲表識曰
標今云高標言塔之高可以標表也詩云悠悠蒼天烈風無時休魏文
帝雜詩烈烈北風涼趙云言其高也書
曰烈風雷雨弗迷又尚書大傳云成王時
越裳氏重譯而來朝曰久矣天之無烈風
迅雨意中國其有聖人乎如此則烈風非
所宜有唯高處而後有之公古栢行又曰冥冥孤高多烈風可見矣自非曠
士懷登茲觀百憂王仲宣登樓賦登茲樓以四望兮聊假日以銷
憂兎爰詩我生之後逢此百憂陸士衡詩
感物百憂集劉越石云負杖行吟則百憂
俱怫至曹子建遂使懷百憂趙云鮑照
放歌行云小人自齷齪安知曠士褱夫登

高望遠所以寫憂然其高則易生恐怫故惟曠士而後無憂也**方象教**

力足可追冥搜突厥寺碑四天之下聞諸象教王簡棲頭陁寺碑正法既沒象教陵夷注謂爲形象以教人天台山賦遠寄冥搜　趙云言巍樓高觀世間無有唯託之象教而後可營焉

仰穿龍虵窟始出枝撐

幽靈光殿賦枝撐杈枒而斜據注云枝撐梁上交木也　趙云言愈仰而上穿過龍虵窟然後出離枝撐之幽隱也

七星在北戶河漢聲西流

趙云吳都賦曰開北戶以向日梁張纘秋雨賦敞北戶而披襟於塔言戶則法華經云佛以右指開寶塔戶也河漢天河也廣雅云天河謂之天漢亦曰河漢以其在西若聞其流聲焉魏文帝雜詩云天漢回西流晉張協安石榴賦又曰天漢西流

辰角南傾詩云三星在戶魏文帝燕歌行星漢西流夜未央**羲和鞭白日**晉傅玄日昇歌羲和初攬轡六龍並騰驤廣雅曰羲和日御也　趙云淮南子云日馭曰羲和故於白日可以言鞭之楚辭云青春受謝白日照**少昊行清秋**月令孟秋之月其帝少昊注少皞金天氏殷仲文詩獨有清秋日晉潘尼朱明送夏少昊迎秋　趙云獨言清秋則公登塔必在秋時矣當白日之昭晰清秋之明爽宜乎見遠**秦山忽破碎涇渭不可求俯視但一氣焉能辨皇州**謝玄暉詩春色滿皇州荀子云轂既破碎乃大其輻鮑照見賣玉器者詩涇渭不可雜潘岳西征賦化一氣而甄二才選詩表裏望皇州宋玉高唐賦俯視崢嶸論語焉能為有焉能為亡**迴首叫虞**

舜蒼梧雲正愁山海經曰南方蒼梧之川其中有九疑山舜之所葬在長沙零陵界也趙云承上言登塔之高莫辨皇州於是南望而遠想蒼梧則託虞舜而思高宗之晏駕蓋帝王之孝莫大於虞舜舜也自北户而回首乃是南望則可叫虞舜舜矣叫如淮南子言庶女叫天天之叫楚辭劉向九歎之遠逝篇有曰奏虞舜於蒼梧上言虞舜下言蒼梧義當如此然必使雲字則歸藏啓筮曰有白雲出自蒼梧入于大梁謝玄暉云雲去蒼梧野蒼梧雲愁以言高宗之晏駕

惜哉瑤池飲日晏崑崙丘鮑明遠舞鶴賦朝戲乎芝田夕飲乎瑤池穆天子傳周穆王觴西王母于瑤池上又曰天子遂宿于崑崙之阿赤水之陽吉日辛酉天子升于崑崙之丘以觀黃帝之宮紀年曰周穆王西征至崑崙丘見西王母止之葛仙

翁崑崙一曰玄圃一曰積石瑤房一曰閬風臺一曰華蓋一曰天柱皆仙人所居之處也趙云西望而遠想瑤池則託西王母而思文德不留蓋以女仙之尊者名之也惜哉不足之辭列女傳柳下惠妻爲誄曰永能厲兮吁嗟惜哉史記孔子美子賤曰惜哉不齊所治者小曹子建雜詩云願欲一輕濟惜哉無方舟王仲宣詠史云秦穆殺三良惜哉空爾爲今公之可惜瑤池方宴以崑崙日晏而不得久非以言文德之不留者乎按仙傳西王母遺虞舜以白玉琯則以王母比母后尤於舜爲一體曹子建詩明晨秉機杼日晏不成文莊子有云崑崙之丘

黃鵠去不息　哀鳴何所投

瑞應圖曰黃帝習樂崑崙以舞衆神玄鵠六翔其右韓詩外傳曰田饒事魯哀公而不見察謂哀公曰夫黃鵠一舉千里止君園池啄吾稻粱

君猶貴之以其從來遠也故臣將主君黃鵠舉矣戰國策曰莊辛謂楚襄王曰黃鵠游於江海自以無患不知射者方修弧矢加巳百仞之上　趙云易曰自強不息沈約白紵曲云翡翠羣飛飛不息詩哀鳴嗷嗷

君看隨陽鴈各有

稻粱謀

禹貢楊州陽鳥攸居注鴻鴈之屬庾信報趙王賜酒詩未知稻粱鴈何以報君恩此詩末章同嘆山梁雌雉也

趙云公於前段巳追思前事矣又因黃鵠之遠去雖若高舉遠引之士然無所投止而我之俯世徇身則未免若鴈之謀稻粱也亦以自傷矣孟浩然詩鳥泊隨陽鴈魚藏縮項鯿劉孝標廣絶交論云分鴈鶩之稻粱左傳云先軫有謀舊注同歎山梁雌雉非是師民瞻云此以譏明皇荒樂不若虞舜瑤池言王毋以比楊妃崑崙以比驪山黃鵠以比張九齡之徒鴈以比楊國

忠之徒杜公因登塔觀覽而念及此其說不同必有能辨之者詩王事靡盬不能蓺稻粱

示從孫濟此詩譏風俗衰薄雖同姓不能忘猜疑也

平明跨驢出未知適誰門權門多噂㗖詩十月噂㗖背憎噂㗖猶相對談語背則相憎逐矣趙云楚辭曰平明發兮蒼梧前漢息夫躬交游貴戚趨走權門又後漢明帝詔云權門請託魏陳孔璋檄云輸貨權門

且復尋諸孫諸孫貧無事宅舍如荒村堂前自生竹堂後自生萱萱草秋已死竹枝霜不蕃一作翻詩伯兮焉得諼草言樹之背注諼草令人忘憂背北堂也疏

堂者房堂所居之地揔謂之堂房〻之北爲北堂房半以南爲南堂左傳其生不蕃莊子云古人在乎已死矣文雖出彼而不以文害意

淘米少汲水汲多井水渾刈葵莫放手放手傷葵根

鮑明遠樂府詩腰鎌刈葵藿古詩採葵莫傷根傷根葵不生結交莫羞貧羞貧友不成趙云此段方有興致蓋淘米炊刈葵烹少汲水莫放手因以興焉族之有宗猶水之有源葵之有根也水有源勿渾之而已葵有根勿傷之而已族有宗則亦勿踈之而已受外嫌猜者亦猶汲水之多也苟以嫌猜而不躬同姓亦猶放縱其手於採葵也後漢明帝紀殘吏放手注謂貪縱爲非也

阿翁嬾惰久覺兒行步奔所來（一作求）爲宗族亦不爲盤飧

僖二十三年晉

公子及曹僖負羈之妻饋盤飧寘璧

小人利口實頤自求口實薄俗難可論勿受外嫌猜同姓古所敦鮑明遠明慮自天斷、不受外嫌猜、趙云、此亦曹子建詩、有親交義在敦之義

九日寄岑參

出門復入門雨一作兩脚但如一作仍舊趙云王維代羽林騎閨人云、出門復入戶望望青絲騎、論語、出門如見大賓、記云、揖讓而入門禮皆如其舊、雨脚、一作兩脚、蓋兩脚選詩兩足之義、而語是方言、公詩又云、雨脚如麻未斷絕、亦此也、若人兩脚則無義、既出門而往矣、又却入門何哉、以雨脚如舊也所向泥活活一作浩浩思君令人瘦詩北流活活、謝靈運

活活夕流駛古詩思君令人老歲月忽已
晚又詩思君令人老軒車又何遲趙云
活活雖水流聲而泥之深多則行爲有
聲也今有禽名泥活活則以其鳴聲云沈
吟坐西軒飲食錯昏晝寸步曲江頭難爲
一相就趙云此所以懷岑生也岑應在曲
江頭猶寸步耳以雨泥故難於相
就
也吁嗟乎蒼生稼穡不可救趙云書至于
海隅蒼生詩
云吁嗟
乎騶虞安得誅雲師疇能補天漏雲師名
屛翳列
子湯問女媧氏鍊五色石以補其闕張平
子西京賦察雲師之所憑趙云蜀有地
名漏天也大人賦云召
屛翳誅風伯雨師大明韜日月曠野
號禽獸晉卦麗乎大明趙云記大明生
於東月生於西則大明主日言之

今也大明之下言韜日月則晝夜皆雨而日不見乎晝月不見乎夜皆無明矣詩云率彼曠野日月之明既韜則惟溪雨淋注禽獸無所安其飛走故哀號於曠野**君子彊逶迤小人困馳驟**趙云以雨溪於上泥汨於下君子雖有車馬亦彊逶迤而已小人艱於行李之往來故困馳驟此公之語法皆有意義楚辭云載雲旗兮逶迤謝靈運溪行詩云逶迤傍隈隩迢遞步陘峴君子小人之句亦曹子建贈丁翼云君子義休偫小人德無儲之勢也**維南有崇山恐**一作漭**與川浸溜**趙云上句言南山也詩維南有箕楊子雲羽獵賦揭以崇山周禮職方氏九州各有其川溜字義漢書有云泰山之溜可以穿石意則憂君子之改節也**是節東籬菊紛披為誰秀**陶淵明[illegible]詩采

菊東籬下悠然見南山魏文帝與鍾繇書曰歲往月來忽復九日九爲陽數而日月並應俗嘉其名以爲宜於長久故以享宴高會是月律中無射言群木庶草無有射地而生於芳菊紛然獨榮非夫含乾坤之淳和體芬芳之淑氣孰能如此故屈平悲冉冉之將老思飡秋菊之落英輔體延年草斯之貴謹奉一束以助彭祖之術 趙云梁簡文帝九日詩是節協陽數文大同十一月詩云是節嚴冬暮王子淵洞簫賦若凱風紛披而施惠於菊魏文帝書芳菊紛然獨榮

岑生多新詩性亦嗜醇酎

謝惠連雪賦酌湘吳之醇酎西京雜記漢制宗廟八月飲酎用酎九醞太牢皇帝侍祠以正月旦作酒八月成名曰酎一曰九醞一名醇酎晉侯鄢酒賦醇酎秋發宣十五年伯宗曰不祀一也耆酒二也 趙云蔡邕瞽師賦云詠新詩

以悲歌魏都賦云醇酎中山流湎千日**采采黃金花何由滿**

衣袖詩采采卷耳不盈頃筐又終朝采藍不盈一襜言心有所憂而不在所采也岑生何由而免憂乎趙云以不見岑生意緒無聊采之不能多也前漢董賢與上卧起帝晝寢偏藉上衣袖

新刊校定集注杜詩卷一

寶慶乙酉廣東漕司鋟板

進士陳 呑

潮州州學賓辛 安中

承議郎前通判韶州軍州事劉 鎔 同校勘

朝議大夫廣南東路轉運判官曾 噩